國家古籍工作規劃項目

本書出版得到國家古籍整理出版專項經費資助

國家社科基金重大項目「中國古代方言學文獻集成」（16ZDA202）
北京市社科基金規劃重點項目「明清至民國京津冀方言歷史文獻整理與研究」（22YYA017）
北京市社科基金青年項目「晚清民國京郊地區方志見載方言語詞類纂與研究」（22YYC013）

古代方言文獻叢刊　華學誠主編

陳與郊方言類聚
揚雄方言零札伍種

魏兆惠　點校
游　帥　輯校

中華書局

圖書在版編目(CIP)數據

陳與郊方言類聚;揚雄方言零札伍種/魏兆惠點校;游帥輯校. —北京:中華書局,2023.5
(古代方言文獻叢刊/華學誠主編)
ISBN 978-7-101-16126-7

Ⅰ.陳… Ⅱ.①魏…②游… Ⅲ.漢語方言-文獻-匯編-中國-古代 Ⅳ.H17

中國國家版本館CIP數據核字(2023)第034651號

責任編輯:張 可
責任印製:陳麗娜

古代方言文獻叢刊
華學誠 主編
陳與郊方言類聚
魏兆惠 點校
揚雄方言零札伍種
游 帥 輯校
*
中 華 書 局 出 版 發 行
(北京市豐臺區太平橋西里38號 100073)
http://www.zhbc.com.cn
E-mail:zhbc@zhbc.com.cn
天津善印科技有限公司印刷
*
880×1230毫米 1/32 · 12¼印張 · 2插頁 · 250千字
2023年5月第1版 2023年5月第1次印刷
印數:1-1500册 定價:58.00元

ISBN 978-7-101-16126-7

古代方言文獻叢刊總序

華學誠

一

方言痕跡可考於我國最早的出土文獻和傳世文獻，方言記載、方言論述也零星見於先秦時期的文獻，而以活的方言爲對象並結合古方言資料作出系統研究的則始於漢代揚雄，此後近兩千年，研究者代不乏人，積累的成果非常豐富。

對這漫長的方言歷史和方言研究歷史，近現代以來雖有一些專題討論，但既不全面，也不系統。形成這一局面的原因當然不是單一的，但古代方言學資料没有得到全面收集、系統建構、科學整理，致使相關研究缺少必要的學術基礎，則是最基本也是最關鍵的原因。中國古代方言學文獻的整理出版，並不是没有取得成績，只是從總體上來説，數量很少，品質參差不齊，整理出版選題也缺乏科學規劃，所以遠遠無法滿足方言學史、方言史、漢語史、現代漢語方言研究的需要和其他相關學科研究的需要。

揚雄方言校釋匯證二〇〇六年在中華書局出版之後，我就開始思考上述問題，並與顧青編審、秦淑華編審有過多次深入的交流。在中華書局的支持下，我的想法經由全國古籍整理出版規劃領導小組批准而列入了二〇一〇—二〇二〇國家古籍整理出版規劃，中華書局負責出版。二〇一二年擬出了古代方言文獻叢刊分輯及其基本選目，着手組織隊伍；二〇一三年春天在京召開了項目籌備研討會，重點討論了叢刊方案、組織方式、作者選聘、整理原則、宏觀體例等主要問題，項目正式啟動。二〇一六年由我負責申報的中國古代方言學文獻集成批准爲國家社科基金重大項目（編號：16ZDA202），研究隊伍進一步加强，入選書目進一步優化，整理方式進一步完善，爲彌補上述學術缺憾而實施的古籍整理工作得以全面展開。

本項目所整理的方言學文獻限於古代。我們所説的古代，原則上截止到清末，但一九四九年之前承紹古代學術傳統方法研究方言的重要著作如孫錦標的南通方言疏證、重要資料如方志所載方言等則予以收録。明代以來傳教士所撰方言教科書、聖經方言譯本、雙語辭書等資料，當然屬於古代方言學文獻，量很大，價值也很大，因爲這批材料與中國傳統學術無關，且文本中很多或純粹是外文，或漢文與外文間雜，須要用特殊而專門的方法進行整理，所以不納入本項目。

中國古代方言學文獻可以按照多種方式進行分類。比如可以按照周秦漢晉、南北朝唐宋、元明、清代四期來分，用分期來處理資料，時代斷限明確，有利於歷時研究對資料的利用；但是，中國古代方言研究文獻産生的實際情況和存世的情況不利於按照時代順序來處理，如果這樣處理，從古到今就會形成倒寶塔型，時代越早資料越少，時代越遲資料越多，這在項目的組織安排和實際操作上會出現困難。又如可以按照語音、詞彙、語法、文字（方言字）等内容來分，每類中再按照時代來劃分，這樣分類有利於學科内部的專題化研究；但是，中國古代方言學文獻的實際情況是，語法資料極少，詞彙最多，語音其次，且語音、詞彙、文字常常不可分離，所以不僅各類資料的數量極不平衡，而且不少資料的歸類也將面臨無解的難題。因此，按照文獻特點和存世形態來分類，就成爲最好的選擇，這也符合項目的「文獻」特點和「集成」要求。

按照文獻來源，首先把中國古代方言學文獻分成兩大類：一是中國傳統方言學文獻，二是傳教士方言學文獻。如前所説，後一類不列入本項目，所以本項目的第二步分類實質上就是對前一類的劃分。按照文獻存世形態，結合文獻内容、文獻存世數量，本項目把中國傳統方言學文獻分成五類，形成五個子課題，成果出版物則形成五輯；各子課題内部再按照時代先後爲序編排，以體現史學要求。除明代以來傳教士所撰方言類著作之外，本項目囊括了漢代以來中國古代方言學的各類主要文獻，形成以文獻特徵和時代爲經緯構成的資料集成。

本項目的完成，在學術研究上至少有如下幾點重要價值值得期待：有利於系統建構中國古代方言研究史，有利於解決漢語史、方言史研究中的相關問題，有利於深入進行方言本體各分支學科的研究，有利於拓展其他相關歷史學科的專門研究，有利於後續信息化處理歷代方言研究資料。

二

方言校注本整理，由華學誠教授、魏兆惠教授負責。自晉代郭璞以後，直到明代之前，方言的相關研究甚少。明清時期出現多個校注本，有價值者共七種，即：明陳與郊方言類聚四卷，清戴震方言疏證十三卷，清盧文弨、丁傑重校方言十三卷附校正補遺一卷，清劉台拱方言補校一卷，清錢繹、錢侗方言箋疏十三卷，清王維言方言釋義十三卷，清王秉恩宋本方言校勘記。王念孫在方言研究上下過很大功夫，有很多發明，他的一些説法散見於王氏父子存世的各類著作之中，值得輯録以彰顯他的遺説。國内出版過錢氏方言箋疏點校本和戴氏方言疏證的整理本，但戴氏疏證本的整理存在不少問題，須要重校。

其他五種均無現代整理本，爲學術研究服務的集成整理從未有過。本項目對錢氏方言箋疏之外的六種明清方言校注本進行全面整理，加上王念孫遺説的輯録，構成一輯。

廣續方言整理、散存資料輯佚，由華學誠教授、王耀東副教授負責。「廣續方言」指增廣或續補揚雄方言的專書，包括杭世駿續方言，程際盛續方言補，徐乃昌續方言又補，程先甲廣續方言、廣續方言拾遺，張慎儀續方言新校補、方言別録等。「散存資料」指保存在注疏、音義、筆記、辭書等著作形態中而有明確地域指向的方言材料，不包括通行區域不明的俗語、少數民族語和社會方言，亦不包括客觀上反映方言的文學作品、音切、對音材料、外國借字和俗文學中的別字異文等。古代散存方言資料分爲方言記載和方言論述兩類，二者的區別在於有無作者的主觀認識和評價。散存資料整理難度最大，迄無全面輯佚的集成之作。清人廣續方言類著作其實就是搜集的散存方言資料，但很不完整，且訛舛不少，須要進行科學整理；新輯佚的資料與廣續方言中的資料本質上是相同的，所以合併在一起構成一個專題，構成一輯。

非音韻類方言專書整理，由周遠富教授、劉祖國副教授負責。非音韻類方言專書包括貫通方言類、分地方言類。貫通方言類如匯雅前編、方言據、諺原、鄉言解頤、方言轉注録、鄉音俗字通考、今方言溯源、新方言、續新方言等。分地方言類如安丘土語志（山東），秦音、西安村語考字録（陝西），黔雅（貴州），蜀語、蜀方言（四川），吴下方言考、南通方言疏證（江蘇），古歙鄉音集證（安徽），越語肯綮録、越言釋、越諺、湖雅（浙江），操風瑣録（福建），嶺外三州語、客方言（客家話）等。分地方言類只收録獨立的單本著作，不包括地方志中的「方言志」。非韻書類方言專書很難確定邊界，漏收在所難免；已經選入進行整理的專書，也可能會有異議，因爲有些書中的内容未必盡是方言。這類文獻，構成一輯。

歷代方言韻書整理，由徐朝東教授、高永安教授、謝榮娥教授負責。古代方言韻書的整理與研究，近些年來已經受到學界關注，如馬重奇教授帶領的團隊對閩方言韻書的整理與研究就已經取得了豐碩的成果。本項目所説的方言韻書包括官話方言韻書，整理的韻書有以下各類：官話方言包括皇極經世書聲音唱和圖、中原音韻、文韻考衷、交泰韻、元韻譜、韻略匯通、重訂司馬温公等韻圖經、合併字學集韻、音韻集成、書文音義便考私編、韻略易通、五聲譜、五方元音、拙庵韻悟、韻籟、黄鐘通韻、七音譜、徐州十三韻、射聲小譜、字音會集、韻學驪珠、古今韻表新編、中州音韻等；吴語包括荆音韻彙、聲韻會通、韻要粗釋、併音連聲字學集要、字學指南、元聲韻學大成、音韻正訛等；贛語包括類聚音韻；閩語包括戚參軍八音字義便覽、珠玉同聲、拍掌知音、彙音妙悟、建州八音、彙集雅俗通十五音、渡江書十五音、潮聲十五音等；徽語包括山門新語、新安鄉音字義考正等。這類文獻，構成一輯。

歷代方志中的方言資料整理，由曹小雲教授負責。舊方志中的「方言」，包括漢語方言和中國境内民族語言兩大類，漢語方言是主體。漢語方言有官話、晉語、吴語、粤語、湘語、閩語、贛語、客家話、平話和土話等，民族語言有壯語、苗語、瑶語、彝語、蒙古語等。搜集整理的基本原則是：凡方志中標以「方言、言語、語音、俗語、土語、方音」等卷目、節目的，或雖未標明，但在方志中自成一節專門記録方言的，悉數收録。據此，共輯出方言文獻九百六十六種，地域上覆蓋今三十二個省、直轄市和自治區。從方志編纂時代上看，南宋一種、明代二十八種、清代四百八十三種、民國時期四百五十四種。所輯出的文獻均重新編排，文獻内容逐一録入，逐字校勘，逐篇解題，形成精校新排文本。這類文獻，構成一輯。

三

本項目規模如此之大，參與工作的有數十人之多，要把工作做好，要想實現預期目標，困難可想而知。爲了有效開展工作、儘量減少失誤，提前研判各種問題，提出針對性措施，就是必須的。因此，立項之初我們就擬定了詳細的工作規程，明確了各個工作環節的原則、方法和要求。

文獻整理的基礎工作，首先是要選定好底本。規程要求，目録確定之後，每一種書的存世版本都必須全面排查，同時釐清版本系統，在此基礎上，比勘各本，選擇底本。比如戴震方言疏證存世古籍版本共有二十二種，以微波榭叢書本爲代表的各本可稱之爲「遺書系本」，以武英殿聚珍版爲代表的各本可稱之爲「四庫系本」。樊廷緒在嘉慶六年有一個刊本，是武英殿聚珍版書的翻刻本，所以還是屬於四庫系本。比勘之後，發現武英殿聚珍版所依據的是戴震最後的定本，刊行時間不遲於微波榭叢書所收戴氏遺書本，刊校質量也最精，所以確定該本爲底本。

有些古籍須要影印而不能録排，這類古籍採用圈點方式句讀。規程要求，整理結果採用録排方式形成文本的，一律斷句標點。録排採用通用繁體字形（遇有古今字、通假字、異體字、正俗字，採用底本式整理的保留底本原字形），直排，標點符號使用直排式。頓號、引號、書名號、專名號等標點符號的使用容易出現各種各樣的問題，工作規程特别做了具體詳明的規定。

由於本項目涉及的文獻資料異常複雜，校勘採用定本式還是底本式，没有要求統一。但規程明確提出了總原則，即：校各本異同，校底本是非，校引文正誤，不校立説是非。針對校勘中須要注意的問題，規程特别提出了四點要求。第一，要區分校勘與考證的界限。比如文獻中純係事實、材料等方面的出入，是箋證、考釋應當解決的問題，不屬於校勘範圍。第二，凡底本不誤而他本誤者，一般不出校記。遇有特殊情況，比如別本異文仍有參考價值，則視情況而定。第三，一般虛字出入且不影響文意者，在校記中直接表明改正意見；但如涉及文意，則須要説明校改依據。第四，古今字、通假字、異體字、正俗字，採用底本式的保持文字原貌，在校記中分別用「後作某、通某、同某、正字作某」指明，以供研究者參考。

本項目的第二個子課題，基礎工作就是輯佚。由清人完成的廣續方言作品，須要依據輯佚材料來源進行校訂，按照專著進行整理；而更爲重要的工作則是，從現存古籍中全面輯佚散存的歷代方言研究資料，合理編纂。規程確定了散佚資料的編纂通例，包括如何保障輯佚資料的完整性，輯佚資料的著録方式，輯佚資料的年代確定等等。還特別提出了輯佚工作須要注意的問題，包括謹慎選擇輯佚所依據的版本，深入瞭解輯佚所據著作的原書體例，正確處理所據資料存在的關鍵異文，注意甄別補綴、去重辨僞，注意輯佚的目的在於重建方言學術史資料，等等。

其他如，古籍整理提要式前言的撰寫，具體課題承擔人工作的步驟，各子課題成果的提交，索引的編製，項目負責人與子課題負責人的職責，定稿流程，等等，在工作規程裏都有明確要求。

四

由於文獻數量巨大，文獻樣態複雜，項目承擔人水平有限，整體協調難度較大，主編難以逐字逐句審讀，整理出的這個集成文本一定會存在很多問題，如應收而漏收的，底本選擇不理想的，標點斷句有問題的，校勘結果值得商榷的，輯佚質量有瑕疵的，前言論定不準確的，等等，希望得到學界嚴肅的批評指正。

當然，在有限人力、有限時間内，企圖把中國古代方言學文獻全部「集成」，肯定是不可能的。項目是封閉性的，但工作則是開放性的，這個項目的完成並不是這項工作的終結。希望有更多的專家參與進來，不僅能够提出嚴肅的批評指正意見，而且能够「在綫」補充新文獻、新資料，以便使這個文獻集成不斷充實，不斷完善。這不僅是本項目全體承擔人的想法，也是中華書局的意圖。

是爲序。

新冠肆虐、囚禁家中
二〇二〇年二月二十三日初稿
二〇二〇年四月二十七日改定

目録

陳與郊方言類聚

前言

一、關於編者陳與郊

陳與郊（一五四四—一六一一），字廣野，號隅陽、虞陽、禹陽，别號玉陽仙史，或署高漫卿、任誕軒。浙江海寧人，明萬曆二年（一五七四）考中甲戌科進士，官至太常寺少卿，以擅寫戲曲而知名於世。其父陳中漸（字風山），著有風山全集。其弟陳與相，亦進士出身，官至貴州布政使司左參議。四庫全書總目提要中提到陳與郊幾部作品，但均未録入四庫全書。

陳與郊編撰的作品主要有：檀弓輯注（兩卷），方言類聚（四卷），廣修辭指南（二十卷），杜律評（兩卷），文選章句（二十八卷）。他本人的著作編爲陳奉常集，包括三部散文集：隅園集（十八卷）、黄門集（三卷）、蘋川集（八卷），以及一部戲劇集詅癡符。

二、關於方言類聚内容

方言類聚參照雅書的方式，將方言原有條目按照語義類别重新分類編排，共分四卷十六類。臺灣學者丁介民在方言考（臺北中華書局一九六九年）中評介該書：「辭以類分，一依爾雅，計釋詁第一、釋言第二、釋人第三、釋衣第四、釋食第五、釋官第六、釋器第七、釋兵第八、釋車第九、釋舟第十、釋水第十一、釋土第十二、釋草第十三、釋獸第十四、釋鳥第十五、釋蟲第十六，凡六百六十九條。雖其分類未必盡確，然類别雄書，或冥合子雲著書之意。蓋子雲原書，亦略加類次排比也。雖少所發明，然於方言上求雅訓之用，亦不無便人尋檢之功也。」

方言類聚除録方言原文外，晉郭璞原注分爲注音與釋義兩部分，注音以雙行小字夾注於正文中，釋義則總附在每節後並低一格，以區别揚雄正文；釋義之下復有雙行小字夾注，則是陳與郊的考訂文字。如卷一第十四條，「俚，聊也」爲揚雄正文；「音吏」爲郭璞「俚」字注音，以雙行小字注於「俚」下；「謂苟且也」爲郭璞釋義，另起一段低一格排列；其下雙行小注「按：俚無吏音，或資暇集所謂使。古文使，本音李，遂譌使爲吏」爲陳與郊校注内容。陳與郊有時明引、有時暗用，有時直接注解，標誌不明，因此須要詳加辨别。

三、關於方言類聚版本

方言類聚「罕見傳本，故得覽此書者蓋鮮」（丁介民語）。華學誠先生在揚雄方言校釋論稿（高等教育出版社二〇一一年）中對方言類聚進行了介紹，並將其與宋本方言對勘，指出了二者在文字上存在的一些差異；華先生所用爲上海圖書館藏明萬曆年間陳氏刻本，鈐「樸學齋藏」印，書前有郭璞方言序、劉歆與揚雄書、揚雄答劉歆書。

筆者此次整理所據底本爲齊魯書社一九九七年版四庫全書存目叢書影印中國科學院圖書館藏本，後附方言類聚提要。該藏本同樣爲明萬曆年間陳氏刻本。齊魯書社的影印原則是「整舊如舊，凡原書版框數據爛、漫漶不清，一律不加修飾改動，力求保持版本原貌」。目的不但是要爲學術界提供完備的資料，同時也爲學術界提供可以信賴的版本」。可見，筆者所據的這個影印本是完全可以信據的。

本書的整理方法，凡例明之。門下碩士研究生劉冠婭同學做了輔助校對工作，特此感謝。

整理者魏兆惠　二〇二二年七月七日

凡例

一、此次整理方言類聚，以齊魯書社一九九七年版四庫全書存目叢書影印明萬曆年間陳氏刻本爲底本加以録排，並施以標點。

二、爲方便讀者閱讀，録排時對原書版式作了一些技術性處理：方言正文排以粗宋體；郭璞注音原以雙行小字夾注於正文中，現排以單行小字；郭璞釋義原換行低格附於正文後，現換行並排以細宋體；陳與郊校注内容原與郭璞音同爲雙行小字，現排以仿體，以便區分。

三、方言類聚是對方言的改編，整理時用南宋慶元庚申潯陽郡齋刻本方言（本書統稱宋本）與之對勘，兩書之間用字、用語的不同在校勘記中載明；方言類聚與宋本方言訛誤相同之處一般不出校記，個别明顯之處酌予説明。撰寫校記時主要參考了華學誠揚雄方言校釋匯證（中華書局二〇〇六年，本書簡稱匯證）和揚雄方言校釋論稿（高等教育出版社二〇一一年，本書簡稱論稿）。

四、不影響内容理解的常見異體字，如「密」又作「宻」、「往」又作「徃」、「蓋」又作「葢」之類，徑改爲通行字而不出校記。

五、爲方便讀者對照，特於各條末括注該條在宋本方言中的卷次、條次，又於書後編製方言類聚條目索引。

方言序

晋　郭　璞　撰

蓋聞方言之作，出乎輶軒之使，所以巡遊萬國，采覽異言，車軌之所交，人跡之所蹈，靡不畢載，以爲奏籍。周秦之季，其業隳廢，莫有存者。暨乎揚生，沈淡其志，歷載構綴，乃就斯文。是以三五之篇著，而獨鑒之功顯。故可不出户庭而坐照四表，不勞疇咨而物來能名。考九服之逸言，摽六代之絶語，類離詞之指韻，明乖塗而同致〔一〕；辨章風謡而區分，曲通萬殊而不雜；真洽見之奇書，不刊之碩記也。余少玩雅訓，旁味方言，復爲之解，觸事廣之，演其未及，摘其謬漏，庶以燕石之瑜補琬琰之瑕，俾後之瞻涉者可以廣寤多聞爾。

〔一〕 塗，宋本作「途」。按，「塗、途」同。

劉歆與揚雄書〔一〕

雄爲郎一歲，作繡補、靈節、龍骨之銘詩三章，及天下上計孝廉，雄問異語，紀十五卷，積二十七年。漢成帝時，劉子駿與雄書，從取方言，曰：

歆叩頭。昨受詔宓●「宓」疑作「案」。五官郎中田儀與官婢陳徵、駱驛等私通盜刷越巾事，即其夕竟歸府。詔問三代周秦軒車使者、遒人使者以歲八月巡路，宷●音求。代語、僮謠、歌戲，欲得其最目。因從事郝隆求之有日，篇中但有其目，無見文者。歆先君數爲孝成皇帝言：當使諸儒共集訓詁，爾雅所及，五經所詁，不合爾雅者詁籀爲病〔二〕；及諸經氏之屬，皆無證驗，博士至以窮世之博學者。偶有所見，非徒無主而生是也。會成帝未以爲意，先君又不能獨集。至於歆身，脩軌不暇，何偟更創？屬聞子雲獨採集先代絶言、異國殊語，以爲十五卷，其所解略多矣，而不知其目。非子雲澹雅之才，

〔一〕底本原無題，今添加。案，宋本無劉歆、揚雄往來書信，故於文意不通之處參校以戴震方言疏證、盧文弨重校方言。

〔二〕詁，字之誤也，當作「詁」。

沈鬱之思〔一〕，不能經年銳精以成此書。良爲勤矣！歆雖不遘過庭，亦克識先君雅訓，三代之書蘊藏於家，直不計耳。今聞此，甚爲子雲嘉之已。今聖朝留心典誥，發精於殊語，欲以驗考四方之事，不勞戎馬高車之使，坐知傜俗；適子雲攘意之秋也。不以是時發倉廩以振贍，殊無爲明；語將何獨挈●一作「絜」。之寶？上以忠信明於上，下以置恩於罷朽，所謂知蓄積、善布施也。蓋蕭何造律，張倉推曆，皆成之於帷幕，貢之於王門，功列於漢室，名流乎無窮。誠以隆秋之時，收藏不殆，饑春之歲，散之不疑，故至於此也。今謹使密人奉手書，願頗與其最目，得使入籙，令聖朝留明明之典。歆叩頭叩頭。

〔一〕思，文選任昉王文憲集序李善注引作「志」。

揚雄答劉歆書〔一〕

雄叩頭。賜命謹至，又告以田儀事，事窮竟白，案顯出，甚厚甚厚。田儀與雄同鄉里，幼稚爲鄰，長艾相更〔二〕，視覬動精采，似不爲非者。故舉至日〔三〕，雄之任也。不意淫迹汙㬥於官朝，今舉者懷報而低眉〔四〕，任者含聲而冤舌。知人之德，堯猶病諸，雄何慙焉！叩頭叩頭。又勅以殊言十五卷，君何由知之？謹歸誠底裏，不敢違信。雄少不師章句，亦於五經之訓所不解。常聞先代輶軒之使奏籍之書皆藏於周秦之室〔五〕，及其破也，遺棄無見之者。獨蜀人有嚴君平、臨邛林閭翁孺者，深好訓詁，猶見輶軒之使所奉言〔六〕。翁孺與雄外家牽連之親。又君平過誤，有以私遇，少而與雄也。君平財有千言

〔一〕底本原無題，且接於劉歆與揚雄書之後，今添加標題並另頁排版。

〔二〕更，古文苑作「愛」。

〔三〕日，古文苑作「之」，明漢魏六朝百三名家集本揚雄集同。

〔四〕今，戴震方言疏證作「令」，云：「據文意改正。」當據正。報，諸明本均作「赧」，當據正。

〔五〕常，戴震方言疏證改作「嘗」。

〔六〕奉，諸明本均作「奏」，當據正。

耳，翁孺梗概之法略有。翁孺往數歲死，婦蜀郡掌氏子，無子而去。而雄始能草文，先作縣邸銘、王佴頌、階闥銘及成都城四隅銘。蜀人有楊莊者爲郎，誦之於成帝，成帝好之，以爲似相如，雄遂以此得外見。此數者皆都水君常見也〔一〕，故不復奏。雄爲郎之歲，自奏少不得學，而心好沈博絶麗之文，願不受三歲之奉，且休脱直事之繇，得肆心廣意，以自克就。有詔可不奪奉，令尚書賜筆墨錢六萬，得觀書於石渠〔二〕。如是後一歲作繡補、靈節、龍骨之銘詩三章，成帝好之，遂得盡意。故天下上計孝廉及内郡衛卒會者，雄常把三寸弱翰，齎素油四尺〔三〕，以問其異語，歸即以鉛摘次之於槧，二十七歲於今矣。而語言或交錯相反，方覆論思，詳悉集之，燕其疑。張伯松不好雄賦頌之文，然亦有以奇之。常爲雄道，言其父及其先君憙典訓，屬雄以此篇目頻示之〔四〕，伯松曰：「是懸諸日月不刊之書也。」又言恐雄爲太玄經，由鼠坻之與牛塲也〔五〕；如其用，則寶五稼〔六〕，飽邦民，

〔一〕常，諸明本均作「嘗」，當據正。下同。

〔二〕石渠，文選左思魏都賦：「闕玉策于金縢，案圖籙于石室。」李善注引劉逵：「揚雄遺劉歆書曰：『得觀書于石室。』」劉勰文心雕龍事類篇：「夫以子雲之才，而自奏不學，及觀書石室，乃成鴻采，表裏相資，古今一也。」戴震據之改「渠」作「室」。

〔三〕素油，諸明本均作「油素」，當據正。

〔四〕頻示之，古文苑作「頗示其成者」，於意爲長。

〔五〕坻，字之誤也，當作「坻」。

〔六〕寶，字之誤也，當作「實」。

否則，爲坻糞〔一〕，棄之於道矣。而雄般之〔二〕。伯松與雄獨何德慧，而君與雄獨何譖隟，而當匿乎哉！其不勞戎馬高車，令人君坐幃幕之中知絶遐異俗之語，典流於昆嗣，言列於漢籍。誠雄心所絶極，至精之所想遘也。扶聖朝遠照之明〔三〕，使君宋此，如君之意，誠雄散之之會也。死之日，則今之榮也。不敢有貳，不敢有愛。少而不以行立於鄉里，長而不以功顯於縣官，著訓於帝籍，但言詞博覽，翰墨爲事，誠欲崇而就之，不可以遺，不可以怠〔四〕。即君必欲以脅之以威，陵之以武，欲令入之於此，此又未定，未可以見。今君又終之〔五〕，則縊死以從命也。而可且寬假延期〔六〕，必不敢有愛。雄之所爲，得使君輔貢於明朝，則雄無恨，何敢有匿？惟執事者圖之〔七〕。長監於規繡之〔八〕，就死以爲小，雄敢行之。謹因還使，雄叩頭叩頭。●必欲以脅之，「以」疑衍。「縊死」之「縊」疑譌。

〔一〕坻，諸明本作「牴」，戴本同，當據正。
〔二〕般，諸明本同，戴本改作「艈」。
〔三〕扶，諸明本同，戴本改作「夫」。
〔四〕怠，古文苑作「忘」。
〔五〕今，諸明本同，戴本改作「令」。
〔六〕古文苑無「而可」二字。
〔七〕古文苑無「者」字。
〔八〕於，古文苑作「所」。周祖謨校云：「章樵注云：『言當長以所規爲監。』是字本作『所』。」

方言類聚總目

方言類聚總目終

輶軒使者絶代語釋別國方言類聚卷一

漢揚雄紀　晉郭璞解
明陳與郊類

釋詁第一

●宋邢昺曰：「詁，古也。古今異言，釋之使人知也。釋言則釋詁之別。」

一　氓，音萌。**民也。**民之總名〔一〕。［三·二七］

二　杋〔二〕，音舊。**仇也。**謂怨仇也。［三·二八］

〔一〕總，宋本作「摠」。按，「總、摠」同，亦作「緫」、作「揔」，以下不再出校。

〔二〕杋，宋本同。按，據匯證（一二三三頁），當從諸明本及清人校本改作「朹」。

三　寓，寄也。〔三·二九〕

四　露，敗也。〔三·三〇〕

五　別，治也。〔三·三一〕

六　棖，法也。

救傾之法。●振，宜从扌，从木非〔一〕。〔三·三二〕

七　謫，音□〔二〕。**怒也。**

相責怒也。〔三·三三〕

八　間，非也。〔三·三四〕

九　格，正也。〔三·三五〕

一〇　𪏮，數也。

偶物爲麗，故立數也。〔三·三六〕

一一　軫，戾也。

相了戾也。江東音善。●「軫」當作「紾」，「紾」方有善音，可釋戾。〔三·三七〕

〔一〕論稿（二七頁）：「〔棖〕宋本及明清諸本同，蓋名詞轉爲動詞。陳校於義有理，於古本無據，且『振』字唐宋間始見。」

〔二〕底本漫漶。宋本作「蹟」。

一二　**屑**，音薛。**潔也。**

謂潔清也。〔三·三八〕

一三　**諄**〔一〕，章順切〔二〕。**罪也。**

謂罪惡也。〔三·三九〕

一四　**俚**，音吏。**聊也。**

謂苟且也。●按：「俚」無吏音，或資暇集所謂「使」。古文「使」，本音李，遂譌使爲吏〔三〕。〔三·四〇〕

一五　**梱**，格本切〔四〕。**就也。**

梱梱，成就貌〔五〕。〔三·四一〕

一六　**苙**，音立。**圂也。**

〔一〕諄，宋本作「譚」。按，「諄」同「辜」，「譚」同「諄」，二字不同。據郭注「章順切」，「諄」當爲「譚」之誤。

〔二〕宋本「某某切」皆作「某某反」，下文不再出校。

〔三〕論稿（二七頁）：「［吏］宋本及諸明清本同。『俚、吏』古今音聲韻全同，但有上去聲調之別。」又資暇集「行李」條：「按舊文『使』字作『岑』，傳寫之誤，誤作『李』焉。」疑此處陳校有訛舛。

〔四〕格，宋本作「恪」。論稿（二五頁）：「陳非，宋是。」

〔五〕貌，宋本作「皃」。按，「貌、皃」同。以下不再出校。

謂蘭圂也。〔三·四二〕

一七 廋，音搜。隱也。謂隱匿也。廋，索也〔一〕。〔三·四三〕

一八 銛，音忝。取也。謂挑取物。●孟子言「餂之」。「餂」當作「銛」，從食者非〔二〕。〔三·四四〕

一九 棖，隨也。棖柱令相隨也。〔三·四五〕

二〇 顛、頂，上也。〔六·一七〕

二一 既、隱、據，定也。〔六·二七〕

二二 巍、嶢、崝、嶮，高也。嶕嶢、崝嶸，高峻之貌也〔三〕。〔六·五六〕

二三 猒、塞，安也。

〔一〕按，宋本作「廋，隱也」，郭注：「謂隱匿也。音搜索也。」陳氏將郭注「音搜索也」斷爲二句，以「索也」爲釋「廋」之語，誤甚。

〔二〕孫奭孟子音義已據方言郭注指出「餂」是誤字。

〔三〕宋本「高峻」上有墨釘，戴本據曹毅之本補「皆」字，是也。

物足則定。〔六·五七〕

二四 **㥄**、音凌。**憮**，亡主切。**憐也。**〔六·五八〕

二五 **掩、翳，薆**音愛。**也。**

謂蔽薆也。詩曰：「薆而不見。」〔六·五九〕

二六 **佚惕**〔一〕，跌唐兩音。**緩也。**〔六·六〇〕

二七 **爰、嗳**，音段。**哀也。**

嗳，哀而恚也。〔一二·一〕

二八 **儒輸，愚也。**

儒輸猶儒撰也。〔一二·二〕

二九 **愋、諒，知也。**〔一二·三〕

三〇 **拊撫**，音府。**疾也。**

謂急疾也。〔一二·四〕

三一 **菲**、音翡。**惄，悵也。**

〔一〕 惕，宋本同。按，音「唐」者不當作「惕」。

謂惋惆也。〔一二·五〕

三二　鬱、熙，音怡。長也。謂壯大也。〔一二·六〕

三三　娋、孟，姊也〔一〕。外傳曰：「孟啖我。」是也。今江東山越間呼姊聲如市，此因字誤遂俗也。娋音義未詳。〔一二·七〕

三四　築度六切。娌，匹也。今關西兄弟婦相呼爲築里，廣雅作「妯」。〔一二·八〕

三五　娌，耦也。〔一二·九〕

三六　礹、音盈。裔，習也。謂玩習也。〔一二·一〇〕

三七　躔、度展切。逡，逡巡。循〔二〕。〔一二·一一〕

〔一〕姊，宋本作「姉」，下同。又郭注中「市」宋本作「市」。按，「姉」乃「姊」之俗譌字，「姉」同「姊」。

〔二〕循，宋本作「偱也」。按，作「循」於義爲長，戴震、盧文弨亦作「循」。

三八 躔、歷，行也。日運爲躔，月運爲逡。

躔猶踐也。運猶行也。〔一二·一二〕

三九 逭、音换，亦管。𨗿，陽六切。轉也。逭、𨗿，步也。

轉相訓耳。〔一二·一三〕

四〇 遂、虞，望也。

今云烽火是也。〔一二·一四〕

四一 楡、楕，脱也。〔一二·一五〕

四二 解、輸，棁也。

棁猶脱也〔二〕。〔一二·一六〕

四三 賦、與，操也。

謂操持也。〔一二·一七〕

四四 盝〔三〕、音鹿。歇，泄气。涸音鶴。也。

〔二〕 也，宋本作「耳」。匯證（七七〇頁）：「明刻諸本均作『也』。」

〔三〕 盝，宋本作「盪」。匯證（七七一頁）：「盪：戴震方言疏證作『盝』，是也。」

謂渴也。〔一二·一八〕

四五 **潎**、妨計切。**澂**，音澄。**清也。**〔一二·一九〕

四六 **逯**、音鹿，亦録。**遡**，音素。**行也。**〔一二·二〇〕

四七 **墾、牧，司也。墾，力也。**

耕墾用力。〔一二·二一〕

四八 **牧，飤也。**

謂放飤牛馬也。〔一二·二二〕

四九 **監、牧，察也。**〔一二·二三〕

五〇 **奮**，音歡。**始也。奮，化也。**

別異訓也。〔一二·二四〕

五一 **鋪**、妨孤切。**脾，止也。**

義有不同，故異訓之。〔一二·二五〕

五二 **攘、掩，止也。**〔一二·二六〕

五三 **幕，覆也。**〔一二·二七〕

五四 **侗**他動切。**胴**，挺挏。**狀也。**

謂形狀也。〔一二·二八〕

五五　**芷、杪，小也。**

樹細枝爲杪也。〔一二·二九〕

五六　**屑、往，勞也。**

屑屑、往來，皆劬勞也。〔一二·三〇〕

五七　**屑、惟，**王相。**獪也。**

市儈。〔一二·三一〕

五八　**效、**音皎。**烓，**口類切。**明也。**〔一二·三二〕

五九　**溱、將，威也。**〔一二·三三〕

六〇　**嫣、**居僞切。**娗，**音挺。**僈**博丹切。**也**〔一〕。

爛僈，健狡也。〔一二·三四〕

六一　**儇、虔，謾**莫錢切。**也。**

謂惠黠也。〔一二·三五〕

〔一〕僈，宋本作「僔」。按，「僈、僔」同。

六二　**佻，**音糶。**疾也。**

謂輕疾也。［一二·三六］

六三　**鞅、侼，**音敎。**强也。**

謂强戾也。［一二·三七］

六四　**鞅、侼，懟也。**

亦爲怨懟。鞅猶怏也〔一〕。［一二·三八］

六五　**追、未，隨也。**［一二·三九］

六六　**僉、怚，劇也。**

謂勤劇。音驕怚也。●注義未詳。［一二·四〇］

六七　**僉，夥**音禍。**也。**

僉者同，故爲多。［一二·四一］

六八　**夸、烝，婬也。**

〔一〕怏，宋本作「怏」。論稿（二五頁）：「陳非，宋是。」

上媱爲烝[一]。［一二·四二］

六九　毗、顚，音頻。懣也。

謂憤滿也[二]。●注「滿」當作「懣」。［一二·四三］

七〇　灮、激，清也。［一二·四四］

七一　紓、音舒。𨒪，緩也。

謂寬緩也。［一二·四五］

七二　清、躡，急也。［一二·四六］

七三　杼、杼井。𢈔，胡計切。解也。［一二·四七］

七四　蕆、音展。逞，解也。

蕆訓敕，復言解，錯用其義。［一二·四八］

七五　柢、音觸抵之抵[三]。柲，刺也[四]。

〔一〕烝，宋本作「蒸」。按，作「烝」是，與正文相應。

〔二〕憤滿，宋本作「憤滿」。據下文陳氏校語，當作「憤懣」。按，陳校是，戴、盧、錢諸家校本亦作「憤懣」，與玉篇合。

〔三〕音觸抵之抵，宋本作「音觸抵」。

〔四〕刺，宋本作「剌」，下同。論稿（二五頁）：「陳作『刺』是，宋非。」

皆矛戟之槿[一]，所以刺物者也。〔一二·四九〕

七六 **倩、荼，借也。**

荼猶徒也。〔一二·五〇〕

七七 **懟朴，**劈歷、打撲二音。**猝也。**

謂急速也。〔一二·五一〕

七八 **麋、棃，老也。**

麋猶眉也。〔一二·五二〕

七九 **萃、離，時也。**〔一二·五三〕

八〇 **漢、⿰丰赤，怒也。**〔一二·五四〕

八一 **⿰丰赤，發也。**〔一二·五五〕

八二 **譁、**呼瓜切。**吁，**音于。**然也。**

皆應聲也。〔一二·五六〕

八三 **猜、忦，恨也。**〔一二·五七〕

八四 **艮、磑，**五碓切。**堅也。**

〔一〕 槿，宋本作「⿰禾堇」。論稿（二五頁）：「陳作『槿』非，宋是。」

皆石名物也。［一二一·五八］

八五 **苂**、音淫〔一〕。**眼**〔二〕，**明也**。

苂，光也。［一二一·五九］

八六 **㤼**音敷。**愉，悦也**。

㤼愉猶呴愉也。［一二一·六〇］

八七 **即、圍，就。即，半也**。

即一作助。［一二一·六一］

八八 **惙、怞，中也**。

「中」宣爲「忡」。忡，惱怖意也。●注「中宣」之「宣」當作「宜」〔三〕。［一二一·六二］

八九 **薵、蒙，覆也。薵，戴也**〔四〕。

此義之反覆兩通者，字或作「燾」，音俱波濤也。［一二一·六三—六四］

〔一〕淫，宋本作「滛」。按，「滛」乃「淫」之俗譌字。以下不再出校。

〔二〕眼，宋本作「眼」。按，陳本字常缺筆，如「卑」作「界」；「眼」缺筆，與「眼」誤合，非也。宋是。

〔三〕論稿（二七頁）：「宋本及明本作『宣』誤，陳校正確。」

〔四〕宋本「薵，戴也」另爲一條。又「薵」，宋本作「籌」。匯證（八一五頁）：「連寫是也，作『薵』是也。戴震方言疏證亦同陳書。」

九〇 堪、輂，音釘鋦。戴也[一]。
輂轝亦載物者也。[一二·六五]

九一 搖、祖，上也。祖，搖也。祖，轉也[二]。
互相釋也。動搖即轉矣。[一二·六六—六八]

九二 括、音活。關，閉也。
易曰：「括囊，無咎。」[一二·六九]

九三 衝、俶，動也。[一二·七〇]

九四 羞、厲，熟也。
熟食爲羞。[一二·七一]

九五 厲，今也。[一二·七二]

九六 備、該，咸也。
咸猶皆也。[一二·七三]

九七 噬，食也。[一二·七四]

[一] 戴，宋本作「載」。按，據郭注「載物者」，此「戴」顯係誤字。

[二] 宋本此例分列三條。按，據郭注「互相釋也」，連書是也。戴震方言疏證亦連書。

九八　噬，憂也。〔一二·七五〕

九九　㥦，悸也。

謂悚悸也。〔一二·七六〕

一〇〇　虜、鈔，强也。

皆强取物也。〔一二·七七〕

一〇一　鹵，奪也。〔一二·七八〕

一〇二　鑈，奴俠切。正也。

謂堅正也。〔一二·七九〕

一〇三　蒔、殖，立也。〔一二·八〇〕

一〇四　蒔，音侍。更也。

爲更種也。〔一二·八一〕

一〇五　鬐〔一〕、除爲切。尾、稍，盡也。

鬐，毛物漸落去之名。〔一二·八二〕

〔一〕鬐，宋本同。按，戴震方言疏證改作「鬌」，是也，當據正。

一〇六 **尾，梢也。**〔一二·八三〕

一〇七 **殘、歇，傍也。**今江東呼極爲殘。音劇。外傳曰：「余病殘矣。」〔一二·八四〕

一〇八 **鼃**、音蛙。**律，始也。**〔一二·八五〕

一〇九 **蓐、臧，厚也。**〔一二·八六〕

一一〇 **遵、遳，**魚晩切。**行也。**遳遳，行貌也。〔一二·八七〕

一一一 **鑴**〔一〕、音攜。**錣**〔二〕，祭餟。**餽**音愧。**也。**〔一二·八八〕

一一二 **餼**、香既切。**鍚**〔三〕，音映。**飽也。**〔一二·八九〕

一一三 **惵**、度協切。**耇**，音垢。**羸**音盈。**也。**〔一二·九〇〕

一一四 **趙、肖，小也。**〔一二·九一〕

一一五 **蚩、慆，**音遥。**悖也。**

〔一〕 鑴，宋本作「鐫」，當據正。又郭注中「攜」，宋本作「携」，二字同。

〔二〕 錣，宋本作「餟」，當據正。又郭注中「餟」，宋本作「醊」，二字同。

〔三〕 鍚，宋本作「餳」，當據正。

謂悖惑也。〔一二·九二〕

一一六　吹、扇，助也。

吹嘘、扇拂〔一〕，相佐助也。〔一二·九三〕

一一七　焜、曅，晠也。

韡曅、焜燿，晠貌也。〔一二·九四〕

一一八　苦、翕，熾也。〔一二·九五〕

一一九　蘊，崇也。〔一二·九六〕

一二〇　蘊、嗇，積也。

嗇者貪，故爲積。〔一二·九七〕

一二一　嗇、殄，合也。〔一二·九八〕

一二二　翬、音揮。翻，飛也。

翬翬，飛貌也。〔一二·九九〕

一二三　憒、目，盈也。〔一二·一〇〇〕

〔一〕拂，宋本作「佛」。作「拂」於義爲長，諸明本均作「拂」。

一二四 譟、唤譟。諻，從横。音也。［一二·一〇一］

一二五 攎、音盧〔一〕。⿺辶勑〔二〕，音勑。張也。［一二·一〇二］

一二六 岑、夤，大也。［一二·一〇三］

一二七 岑，高也。

岑嗌〔三〕，峻貌也。［一二·一〇四］

一二八 效、眝，音户。文也。

眝眝，文采貌也。［一二·一〇五］

一二九 鈵、音柄。董，錮也。

謂堅固也。［一二·一〇六］

一三〇 扞、搷，音填。揚也。

謂播揚也。［一二·一〇七］

一三一 毆，音醫。幕也。

〔一〕盧，宋本作「攎」。按，作「盧」是也。

〔二〕⿺辶勑，宋本作「遫」。按，「遫、⿺辶勑」並同「遫」。

〔三〕嗌，宋本作「岑」。按，戴震方言疏證作「岺」，匯證（八四九頁）：「戴改是也，當據正。」

謂蒙幕也。〔一二·一〇九〕

一三二 **刳**，音枯。**狄**宜音剔。**也。**〔一二·一一〇〕

一三三 **考，引也。**〔一二·一一六〕

一三四 **弼，高也。**〔一二·一一七〕

一三五 **上，重也。**〔一二·一一八〕

一三六 **箇**，古餓切。**枚也。**
爲枚數也。〔一二·一一九〕

一三七 **奝、歷，相也。**〔一三·一〕

一三八 **奝、旅，末也。**〔一三·二〕

一三九 **毗、緣，廢也。**〔一三·三〕

一四〇 **純、毣**，音沐。**好也。**
毣毣，小好貌也。〔一三·四〕

一四一 **藐**、音邈。**素，廣也。**
藐藐，曠遠貌。〔一三·五〕

一四二 **藐，漸也。**〔一三·六〕

一四三　炖、託孫切。焃、音闅。煓，波湍。赤貌也。皆火盛熾之貌。〔一三·八〕

一四四　憒、竅，孔竅。阨烏革切。也。謂迫阨。〔一三·九〕

一四五　杪、眇，小也。〔一三·一〇〕

一四六　譊、音沓。咎，謗也。謗言，噂譊也。〔一三·一一〕

一四七　蕆、敕、戒，備也。蕆亦訓敕。〔一三·一二〕

一四八　摵、音蹜。撴，音致。到也。〔一三·一三〕

一四九　聲、腆，忘也。〔一三·一四〕

一五〇　黮、度感切。黤，莫江切。私也。皆冥闇，故爲陰私也。〔一三·一五〕

一五一　龕、音堪。喊、音減。㖕、荒麥切，亦音郁。唏，靈几切〔一〕。聲也。〔一三·一六〕

〔一〕靈，宋本同。按，戴震方言疏證據曹毅之本改作「虚」，是也，當據改。

一五二　⿰亻歸、音逵。宵，音蕭。使也。［一三·一八］

一五三　蠢，作也。

謂動作也。［一三·一九］

一五四　忽、達，芒也。

謂草杪芒䠞出。［一三·二〇］

一五五　芒、濟，滅也。

外傳曰：「二帝用師以相濟也。」［一三·二一］

一五六　⿰廣刂、音廓。蠫〔一〕，音儷。解也。魏，能也。⿰彳析〔二〕，刻也。［一三·二二］

一五七　聳，山頂切〔三〕。悚也。

謂警聳也。［一三·二三］

一五八　跌，偃地切〔四〕。蹷也。

〔一〕蠫，宋本作「蠡」。按，廣雅作「劙」，同「蠫」。

〔二〕⿰彳析，宋本作「⿰亻析」，當據正。

〔三〕頂，宋本同。按，王念孫手校明本、盧文弨重校方言並改作「項」，是也，當據改。

〔四〕地，宋本同。按，戴震方言疏證改作「也」，是也，當據改。

江東言跢。丁賀切。[一三·二四]

一五九　**蘪，蕪**音務。**也。**謂草穢蕪也。[一三·二五]

一六〇　**𨤲**[一]、音狸。**坶**[二]，亡改切。**貪也。**[一三·二七]

一六一　**𢷎**、恪穎切。**挻**，音延。**竟也。**[一三·二八]

一六二　**譴喘，轉也。**譴喘，猶宛轉也。[一三·二九]

一六三　**困、胎、倢**[三]，音鞭撻。**逃也。**皆謂逃叛也。[一三·三〇]

一六四　**隋、毻**，他臥切。**易也。**謂解毻也。[一三·三一]

一六五　**䠷**音遥。**說，好也。**

[一]　𨤲，宋本作「釐」，當據正。

[二]　坶，宋本作「挴」，當據正。

[三]　倢，宋本作「倢」。二字並譌，當作「㒓」。

謂姅悦也[一]。〔一三·三二〕

一六六 **憚、怛，惡也。**

心怛懷，亦惡難也。〔一三·三三〕

一六七 吳[二]，**大也。**〔一三·三四〕

一六八 **灼，驚也。**

猶云恐𤏲也。〔一三·三五〕

一六九 **賦，動也。**

賦歛所以擾動民也[三]。〔一三·三六〕

一七〇 **㾡，**巨畏切。**極也。**

江東呼極爲㾡，倦聲之轉也。〔一三·三七〕

一七一 **煎，盡也。**〔一三·三八〕

一七二 **爽，過也。**

〔一〕姅，宋本作「姘」。按，作「姅」是。

〔二〕吳，宋本作「吴」。論稿（二六頁）：「陳非，宋是。」

〔三〕歛，宋本作「斂」。按，「歛、斂」同。

謂過差也。〔一三·三九〕

一七三　蟬，毒也。〔一三·四〇〕

一七四　慘，𢞺音酒。也。〔一三·四一〕

一七五　𢞺，惡也。

慘悴，惡事也。〔一三·四二〕

一七六　還，積也。〔一三·四三〕

一七七　宛，音婉〔一〕。蓄也。

謂宛樂也。〔一三·四四〕

一七八　類，法也。〔一三·四五〕

一七九　猴，音侯。本也。

今以鳥羽本爲猴。〔一三·四六〕

一八〇　懼，病也，驚也。〔一三·四七〕

一八一　葯，音決〔二〕。薄也。

〔一〕音，宋本作「言」。按，作「音」是。

〔二〕「音決」，宋本作「音決的」，又下句郭注「裹」，宋本作「裹」。論稿（二六頁）：「陳『音決』非，宋是；陳『裹』是，宋非。」

謂薄裹物也。葯猶纏也。〔一三·四八〕

一八二 **𦟛,短也。**便旋,痺小貌也〔一〕。〔一三·四九〕

一八三 **掊,深也。**掊尅,深能。〔一三·五〇〕

一八四 **湟,休也。**〔一三·五一〕

一八五 **撈,**音料。**取也。**謂鉤撈也。〔一三·五二〕

一八六 **膜,**音莫。**撫也。**謂撫順也。〔一三·五三〕

一八七 **由,式也。**〔一三·五四〕

一八八 **猷,詐也。**猶者言,故爲詐。〔一三·五五〕

〔一〕「痺」,宋本作「庳」。論稿(二六頁):「陳非,宋是。」

一八九　莑，隨也。〔一三・五六〕

一九〇　揣，試也。

揣度試之。〔一三・五七〕

一九一　類，巨廩切。怒也。

類類，恚貌也。〔一三・五八〕

一九二　埝，音坫肆。下也。

謂陷下也〔一〕。〔一三・五九〕

一九三　讚，解也。

讚訟，所以解釋理物也。〔一三・六〇〕

一九四　賴，取也。〔一三・六一〕

一九五　扲，音鉗。業也。

謂基業也。〔一三・六二〕

一九六　帶，行也。

〔一〕陷，宋本作「陷」。按，「陷、陷」同。

隨人行也。[一三·六三]

一九七 **慷，空也。**

慷窘，空貌。康或作歉虛字也。[一三·六四]

一九八 **湛，安也。**

湛然，安貌。[一三·六五]

一九九 **嘘，**音詈〔一〕。**樂也。**

嘘嘘，歡貌。[一三·六六]

二〇〇 **惋，**音婉。**歡也。**

歡樂也。[一三·六七]

二〇一 **衎，**音看。**定也。**

衎然，安定貌也。[一三·六八]

二〇二 **膊，腮**鱻日切〔二〕。**也。**

〔一〕 詈，宋本作「僁」。按，「僁」爲「詈」之譌字。戴震方言疏證亦作「僁」。

〔二〕 鱻日切，宋本作「魚自反」。論稿（二六頁）：「陳非，宋是。」

謂息肉也[一]。〔一三·六九〕

二〇三　讟，痛也。

謗誣怨痛也。亦音讀。〔一三·七〇〕

二〇四　兗，養也。〔一三·七二〕

二〇五　翳，掩也。

謂掩覆也。〔一三·七三〕

二〇六　臺，支也。〔一三·七四〕

二〇七　純，文也。〔一三·七五〕

二〇八　祐，亂也。

亂宜訓治。〔一三·七六〕

二〇九　恌，理也。

謂情理也[二]。〔一三·七七〕

〔一〕息，宋本作「⿰月息」。按，「⿰月息、息」字異義同。

〔二〕宋本「謂情理也」下有「音遥」二字，当爲「恌」字音，陳本脱。

二一〇 **薀，晠也。**

蕴藹，茂貌。〔一三·七八〕

二一一 **搪，**音堂。**張也。**

謂穀張也。●「穀張」未詳，「穀」疑作「彀」〔一〕。〔一三·七九〕

二一二 **惲，**嘔憤切。**謀也。**

謂議也。〔一三·八〇〕

二一三 **陶，養也。**〔一三·八一〕

二一四 **襟**〔二〕，音禁惡。**挌也**〔三〕**。**

今之竹木挌是也。〔一三·八二〕

二一五 **吡、曉，明也。**〔一三·八三〕

二一六 **扱，擭也。**

扱猶級也。〔一三·八四〕

〔一〕論稿（二七頁）：「〔穀〕宋本及明本均作『彀』，陳校正確。」

〔二〕襟，宋本同。戴震方言疏證改作〔襟〕，是也，當據正。

〔三〕挌，宋本同。戴震方言疏證改作「格」，是也，當據正。注内「挌」亦當作「格」。

二一七 **扶，護也。**
扶挾將護。［一三·八五］

二一八 **淬，**作憒切。**寒也。**
淬猶淨也。［一三·八六］

二一九 **漺，**初兩、禁耕二切〔一〕。**淨也〔二〕。**
皆冷貌也。［一三·八七］

二二〇 **漉，極也。**
滲漉，極盡也。［一三·八八］

二二一 **牧，凡也。**［一三·八九］

二二二 **易，始也。**
易代更始也。［一三·九〇］

二二三 **𨓈，周也。**

〔一〕禁，宋本同。劉台拱方言補校：「『禁耕』不可爲切，當作『楚耕』。」按，劉校是也，當據改。

〔二〕淨，宋本作「淨」。按，「淨」謂「無垢穢」，「淨」謂「寒冷」，當據宋本改。

謂周轉也。〔一三・九一〕

二二四　**䵱，**音奭。**色也。**

䵱然，赤毛貌也〔一〕。〔一三・九二〕

二二五　**恬，靜也。**

恬淡〔二〕，安靜。〔一三・九三〕

二二六　**禔，**音祇。**福也。禔，喜也**〔三〕**。**

謂福祚也。有福即喜。〔一三・九四—九五〕

二二七　**攋、**洛旱切。**隓，**許䂓切〔四〕。**壞也。**〔一三・九六〕

二二八　**息，歸也。**〔一三・九七〕

二二九　**抑，安也。**〔一三・九八〕

二三〇　**潛，亡也。**〔一三・九九〕

〔一〕毛，宋本作「色」。論稿（二六頁）：「陳非，宋亦非，當作『黑』」。

〔二〕淡，宋本作「惔」。按，諸明本及戴震方言疏證均作「淡」，作「惔」非也。

〔三〕宋本此例分列兩條，下郭注亦分注於兩條之下。

〔四〕䂓，宋本作「挸」。論稿（二六頁）：「陳是，宋非。『䂓』即『規』。」

二三一 **曉，過也。**〔一三·一〇〇〕

二三二 **曉，嬴也。**〔一三·一〇一〕

二三三 **⿰叕出，**音剟。**短也。**蹶⿰叕出，短小貌〔二〕。〔一三·一〇二〕

二三四 **隑，**音剴〔三〕。**碕也。**江南人呼梯爲隑，所以隑物而登者也。〔一三·一〇三〕

二三五 **迒，**胡郎切。**長也。**謂長短也。〔一三·一〇四〕

二三六 **迒，迹也。**爾雅以爲兔迹。〔一三·一〇五〕

二三七 **賦，臧也。**〔一三·一〇六〕

二三八 **蘊，**音温。**饒也。**〔一三·一〇七〕

〔二〕 本條郭注，宋本作「蹶⿰叕出，短小皃。音剟，音肬贅」。

〔三〕 宋本「隑」下郭注作「剴切」，「碕也」下又注「音剴切也」。按，戴震方言疏證删去前音「剴切」。

二三九　**芬，和也。**

芬香和調。［一三·一〇八］

二四〇　**檮，依也。**

謂可依倚之也。［一三·一〇九］

二四一　**依，禄也。**

禄位可依憑也。［一三·一一〇］

二四二　**䐁，**音豚，亦宊〔一〕。**腯也。**

腯腯，肥充也。［一三·一一一］

二四三　**盬、**音古。**雜，猝也。**

皆倉卒也。［一三·一一二］

二四四　**躍，**音藥。**行也。**

音跳躍也〔二〕。［一三·一一三］

〔一〕豚，宋本作「腞」。按，王引之經義述聞卷一四禮記上「腯肥」條改作「亦作腞，音突」。「宊」同「突」。

〔二〕音，宋本作「言」。論稿（二六頁）：「『音、言』皆誤，當作『謂』。」

二四五　盬，且也。
盬猶⿸虍⿰豕占也〔一〕。〔一三·一一四〕

二四六　抽，讀也。〔一三·一一五〕

二四七　媵，託也。〔一三·一一六〕

二四八　適，牾也。
相觸迕也。〔一三·一一七〕

二四九　捭，音卑。予也。
予猶與。〔一三·一一八〕

二五〇　彌，縫也。〔一三·一一九〕

二五一　譯，傳也。譯，見也〔二〕。
傳宣語，即相見。〔一三·一二〇—一二一〕

二五二　梗，略也。

〔一〕⿸虍⿰豕占，宋本作「⿸虍占」按，廣雅釋詁二：「⿸虍占，息也。」「⿸虍⿰豕占、⿸虍占」皆譌，當作「⿸虍占」。
〔二〕宋本「譯，見也」另行單列。

梗概，大略也。〔一三·一二二〕

二五三 臆，滿也。

愊臆，氣滿之也。〔一三·一二三〕

二五四 隔，音罵。益也。

謂增益也。〔一三·一二四〕

二五五 空，待也。

來則實也。〔一三·一二五〕

二五六 珇，音祖。好也。珇，美也〔一〕。

美好等互見義耳〔二〕。〔一三·一二六—一二七〕

二五七 嫗，色也。

嫗煦，好色貌。〔一三·一二八〕

二五八 闓〔三〕，開也。

〔一〕宋本「珇，美也」另行單列。

〔二〕互，宋本作「𠀋」。按，「互、𠀋」同。以下不再出校。

〔三〕闓，宋本作「闓」。按，「闓、闓」同。以下不再出校。

謂闓門也〔一〕。〔一三·一二九〕

二五九　靡，音糜〔二〕。滅也。

或作摩滅字。〔一三·一三〇〕

二六〇　菲，音翡。薄也。

謂微薄也。〔一三·一三一〕

二六一　腆，厚也。〔一三·一三二〕

二六二　媟，狎也。

相親狎也。〔一三·一三三〕

二六三　芋，香于切。大也。

芋猶訏耳。〔一三·一三四〕

二六四　煬、音恙。翕，炙也。

今江東呼火熾猛爲煬。〔一三·一三五〕

〔一〕闓，宋本同。按，戴震方言疏證改作「開」，是也，當據改。

〔二〕糜，宋本作「麋」。按，王念孫手校明本定作「糜」，周祖謨同，匯證（九六二頁）認爲當據之正。

二六五　煬、烈，暴也。〔一三·一三六〕

二六六　颬，索荅切。馬馳也。

颬颬，疾皃也。〔一三·一三七〕

二六七　選、延，偏也。〔一三·一三八〕

二六八　澌，索也。

盡也。〔一三·一三九〕

二六九　晞，熯也。〔一三·一四〇〕

二七〇　梗，覺也。

謂直也。〔一三·一四一〕

二七一　萃，集也。〔一三·一四二〕

二七二　睨，俾倪。曎，音亦。明也。〔一三·一四三〕

二七三　暟、臨，昭也。〔一三·一四四〕

二七四　暟，呼凱切。美也。

暟暟，美德也。〔一三·一四五〕

二七五 蹣、踊躍。拚，㧗拔。拔也。出休爲拚，出火爲蹣也〔一〕。拚，一作椒。蹣，一作蹁。［一三·七］

二七六 筡、音涂。箄，方婢切。析也。析竹謂之筡。今江東呼篾竹裹爲筡，亦名爲筡之也。［一三·一七］

二七七 漫、淹，敗也。溼敝爲漫，水敝爲淹。皆謂水潦漫澇壞物也。［一三·二六］

二七八 怠、陁，音虫豸〔二〕。壞。謂壞落也。［六·一四］

二七九 度高爲揣。裳絹切。［一二·一一一］

二八〇 裔，夷狄之總名。邊地爲裔，亦四夷通以爲號也〔三〕。［一二·一一五］

輶軒使者絶代語釋別國方言類聚卷一終

〔一〕蹣，宋本作「蹁」。按，作「蹣」是。
〔二〕宋本「音虫豸」下有「未曉」二字。
〔三〕號，宋本作「号」。按，「號、号」同。

輶軒使者絶代語釋別國方言類聚卷二

漢　揚　雄　紀　晉　郭　璞　解

明　陳與郊　類

釋言第二

●宋邢昺曰：「直言曰言。」今古方國殊別，學者莫能通，是以方言云皆古今語也。

一　初別國不相往來之言也，今或同，而舊書雅記故俗語不失其方，而後人不知，故爲之作釋也。皆本其言之所出也。雅，小雅也〔一〕。〔一·一二〕

二　敦、豐、厖、鴟鴞。乔、音介。憮、海狐切。般、般桓。嘏、音賈。奕、戎、京、奘、在朗切。將，大也。

〔一〕　此爲「不失其方」之下郭注。方言「故爲之作釋也」下還有郭注「釋詁、釋言之屬」，陳本脱。

凡物之大貌曰豐。厖，深之大也。東齊海岱之間曰夼，或曰憮。宋魯陳衛之間謂之嘏，或曰戎。秦晉之間凡物壯大謂之嘏，或曰夏。秦晉之間凡人之大謂之奘，或謂之壯。燕之北鄙齊楚之郊或曰京，或曰將。皆古今語也。

語聲轉耳。〔一・一二〕

三　黨、曉、哲，知也。楚謂之黨，或曰曉，齊宋之間謂之哲。

黨，朗也，解寤貌。〔一・一〕

四　虔、儇，音翾。慧也。秦謂之謾，莫錢，又亡山切。晉謂之𢝊，音悝，或莫佳切。宋楚之間謂之倢，楚或謂之𧬊，他和切。自關而東趙魏之間謂之黠，或謂之鬼。

慧，謂慧了。謾，言謾訑〔一〕。倢，言便倢也。𧬊，亦今通語。鬼，言鬼眎也。訑，大和切。〔一・二〕

五　烈、五割切。枿，餘也。陳鄭之間曰枿，晉衛之間曰烈，秦晉之間曰隸，音謚。或曰烈。

謂烈餘也。傳曰：「夏疑是屏。」〔二〕●「隸」當作「肄」。按，「肄」，說文作「隸」，字林作「𦘔」，經典俱作「肄」。注「夏疑」之「疑」作「肄」，「音謚」之「謚」作「縊」，皆

〔一〕謾言謾訑，宋本作「言謾訑音」。

〔二〕疑，宋本作「隸」，下文陳校作「肄」。

誤無疑。[一·四]

六 台、音怡。胎、陶、鞠，養也。晉衛燕魏曰台，陳楚韓鄭之間曰鞠，秦或曰陶，汝潁梁宋之間曰胎，或曰艾。

台猶頤也。爾雅云：「艾，養也。」[一·五]

七 憮、亡輔切。㤿、音淹。憐、牟，愛也。韓鄭曰憮，晉衛曰㤿，汝潁之間曰憐，宋魯之間曰牟，或曰憐。憐，通語也。

㤿㥘，多意氣也。[一·六]

八 㥄、音陵。憮、矜、悼、憐，哀也。齊魯之間曰矜，陳楚之間曰悼，趙魏燕代之間曰㥄，自楚之北郊曰憮，秦晉之間或曰矜，或曰悼。

㥄亦憐耳。[一·七]

九 咺、香遠切。唏、虛几切。㤚、音的，一音灼。怛，痛也。凡哀泣而不止曰咺，哀而不泣曰唏。於方：則楚言哀曰唏，燕之外鄙朝鮮洌音烈。水之間少兒泣而不止曰咺。自關而西秦晉之間凡大人少兒泣而不止謂之唴，丘尚切。哭極音絶亦謂之唴。平原謂啼極無聲謂之唴哴，音亮。楚謂之噭咷，叫逃兩音。字或作㕦，音求。齊宋之間謂之喑，音蔭。或謂之惄。奴歷切。

鄙，邊邑名。朝鮮，今樂浪郡是也。洌水，在遼東。少兒，猶言小兒。咣哴，今關西語亦然。〔一·八〕

一〇 悼、惄、悴、慭，魚忝切。傷也。自關而東汝潁陳楚之間通語也。汝謂之惄，秦謂之悼，宋謂之悴，楚潁之間謂之慭。

詩曰：「不慭遺一老。」亦恨傷之言也。〔一·九〕

一一 慎、濟、曆、作念切。惄、溼、桓，憂也。宋衛或謂之慎，或曰曆。陳楚或曰溼，或曰濟。自關而西秦晉之間或曰惄，或曰溼。自關而西秦晉之間凡志而不得、欲而不獲、高而有墜、得而中亡謂之溼，或謂之惄。

曆者，憂而不動也。溼者，失意潛沮之名。沮一作阻。〔一·一〇〕

一二 鬱悠、懷、惄、惟、慮、願、念、靖、慎，思也。晉宋衛魯之間謂之鬱悠。惟，凡思也。慮，謀思也。願，欲思也。念，常思也。東齊海岱之間曰靖，秦晉或曰慎。凡思之貌，亦曰慎，或曰惄。

鬱悠，猶鬱陶也。岱，太山。慎謂感思者之容。〔一·一一〕

一三 假、音駕。佫、古格字〔一〕。懷、摧、詹、戾、艐，古届字。至也。邠唐冀兗之間曰假，或曰

〔一〕 佫，宋本作「格」，當據改。

佫。齊楚之會郊或曰懷。摧、詹、戾，楚語也。艐，宋語也。皆古雅之別語也，今則或同。

郊，今在始平漆縣。唐，今在太原晉陽縣。會郊，兩境之間。詩曰「先祖于摧」「六日不詹」「魯侯戾止」之謂也。此亦方國之語，不專在楚也。雅，謂風雅。〔一·一三〕

一四 嫁、逝、徂、適，往也。自家而出謂之嫁，由女而出爲嫁也。逝，秦晉語也。徂，齊語也。適，宋魯語也。往，凡語也。〔一·一四〕

一五 謾台、蠻怡二音。脅閱，呼隔切。懼也。燕代之間曰謾台，齊楚之間曰脅閱。宋衛之間凡怒而噎噫央媚切。謂之脅閱。南楚江湘之間謂之嘽咺。香遠切。

噎，謂憂也。脅閱猶閱穀也〔一〕。湘，水名，今在零陵。〔一·一五〕

一六 虔、劉、慘、惏，音廩，或洛感切。殺也。秦晉宋衛之間謂殺曰劉，晉之北鄙亦曰劉。秦晉之北鄙、燕之北郊、翟縣之郊謂賊爲虔。晉魏河內之北謂惏曰殘，楚謂之貪，南楚江湘之間謂之欺。

今關西人呼打爲惏。今上黨潞縣即古翟國。欺，言欺惏難猒也。〔一·一六〕

〔一〕 穀，宋本作「榖」。按，「穀、榖」音同義異。戴震方言箋疏據方言卷十「凡窘猝怖遽謂之潤沭」改「閱穀」爲「閱沭」，於義爲長。

一七 亟、憐、憮、㤺，愛也。東齊海岱之間曰亟。自關而西秦晉之間凡相敬愛謂之亟，陳楚江淮之間曰憐，宋衛邠陶之間曰憮，或曰㤺。

亟，詐欺也。陶唐，晉都處。〔一·一七〕

一八 脩、駿、融、繹、尋、延，長也。陳楚之間曰脩，海岱大野之間曰尋，宋衛荆吴之間曰融。自關而西秦晉梁益之間凡物長謂之尋。周官之法，度廣爲尋，幅廣爲充。延、永，長也。凡施於年者謂之延，施於衆長謂之永。

大野，今高平鉅野。度，謂絹帛横廣〔一〕。爾雅曰：「緇廣充幅。」延、永，各隨事爲義。〔一·一九〕

一九 允、訦、音諶。恂、音荀。展、諒、音亮。穆，信也。齊魯之間曰允，燕代東齊曰訦，宋衛汝潁之間曰恂，荆吴淮汭音芮。之間曰展，西甌音嘔。毒屋黄石野之間曰穆。衆信曰諒，周南召南衛之語也。

汭，水口也。西甌，駱越别種也。其餘毒屋黄石野未詳所在〔二〕。〔一·二〇〕

〔一〕 横，宋本作「撗」。按，作「横」是。
〔二〕 其餘毒屋黄石野未詳所在，宋本作「其餘皆未詳所在」。

二〇　碩、沈、巨、濯、訏、亦作芋，音義同〔一〕，香于切。敦、夏、于，大也。齊宋之間曰巨，曰碩。凡物盛多謂之寇。齊宋之郊、楚魏之際曰夥。音禍。自關而西秦晉之間凡人語而過謂之過，于果切。或曰僉。東齊謂之劒，或謂之弩。弩猶怒也。陳鄭之間曰敦，荆吴揚甌之郊曰濯，中齊西楚之間曰訏。自關而西秦晉之間凡物之壯大者而愛偉之謂之夏，周鄭之間謂之暇。音賈。郴，洛含切。齊語也。于，通詞也。

今江東有小皃〔二〕，其多無數，俗謂之寇也。西楚，謂今汝南彭城。〔一·二一〕

二一　牴、𠐇，音致。會也。雍梁之間曰牴，秦晉亦曰牴。凡會物謂之𠐇。

牴，觸牴也。〔一·二二〕

二二　華、荂，音誇。晠也。齊楚之間或謂之華，或謂之荂。

荂亦華別名。〔一·二三〕

二三　嬛、蟬、火全切。繝〔三〕、音剡。撚、諾典切。未，續也。楚曰嬛。蟬，出也。楚曰蟬；或曰未，及也。

〔一〕宋本有「耳」字煞句。

〔二〕皃，宋本作「皃」。按，「皃、皃」同。

〔三〕繝，宋本作「繝」。按，「繝、繝」同。

「楚曰」以下別異義。〔一·二五〕

二四　踏、古蹋字，他匣切。蹓、逍遥。蹷，音拂。跳也。楚曰蹠。勑厲切。陳鄭之間曰蹓，楚曰蹠。自關而西秦晉之間曰跳，或曰踏。

蹠亦中州語。〔一·二六〕

二五　躡、郅、音質。跂、音企。狢、●音恪〔一〕。躋、濟渡。踚，踊躍。登也。自關而西秦晉之間曰躡，東齊海岱之間謂之躋，魯衛曰郅，梁益之間曰狢，或曰跂。

狢亦訓來〔二〕。〔一·二七〕

二六　逢、逆，迎也。自關而東曰逆，自關而西或曰迎，或曰逢。〔一·二八〕

二七　撏、常含切。攓、音蹇。摭、盜蹠。挻，羊羶切。取也。南楚曰攓，陳宋之間曰摭，衛魯揚徐荊衡之郊曰撏。自關而西秦晉之間凡取物而逆謂之篡，音饌。楚部或謂之挻。

衡，衡山，南岳名，今在長沙。〔一·二九〕

〔一〕此爲陳與郊所注音。

〔二〕狢，宋本作「格」，當據正。

二八　**釗**、居遼切。**薄，勉也。秦晉曰釗，或曰薄。故其鄙語曰薄努，猶勉努也。南楚之外曰薄努，自關而東周鄭之間曰勔**沉勔〔一〕。**釗，齊魯曰勗茲。**相勸勉也。如今人言努力也。勗、勔，亦訓勉也。［一·三二］

二九　**鈔**、錯眇切。**嫽**，洛夭切。**好也。青徐海岱之間曰鈔，或謂之嫽。好，凡通語也。**今通呼小姣潔喜好者爲嫽鈔。［二·二］

三〇　**魏**、羌箠切。**笙**、**揫**、音遒。**摻**，素檻切。**細也。自關而西秦晉之間凡細而有容謂之魏，或曰徥。**度皆切。**凡細貌謂之笙，斂物而細謂之揫，或曰摻。**魏魏，小成貌。徥，言徥偕也〔二〕。［二·六］

三一　**㜳**、**渾**、狐本切。**膞**、匹四切。**臁**、音壤。**僇**、恪膠切。**泡**，音庖。**盛也。自關而西秦晉之間語也。陳宋之間曰僇，江淮之間曰泡，秦晉或曰臁，梁益之間凡人言盛及其所愛曰諱其肥腍謂之臁**〔三〕。㜳，言瓌瑋也。渾，們渾，肥滿也。膞咽，充壯也。僇佯，麤大貌。泡肥，洪張貌。

〔一〕勔，宋本作「湎」，當據正。

〔二〕偕，宋本作「偕」。按，「偕、偕」同。

〔三〕諱，宋本作「偉」。按，「諱」乃「偉」之譌。又腍，宋本作「膿」。按，作「腍」是。

臁，肥臁多肉。〔二·七〕

三二　私、策、纖、莌、音鋭。稺、古稚字。杪，莫召切。小也。自關而西秦晉之郊梁益之間凡物小者謂之私；小或曰纖，繒帛之細者謂之纖。東齊言布帛之細者曰綾，音凌。秦晉曰靡。凡草生而初達謂之莌。稺，年小也。木細枝謂之杪，江淮陳楚之内謂之篾，青齊兖冀之間謂之葼，音鬆〔一〕。燕之北鄙朝鮮洌水之間謂之策。故傳曰：慈母之怒子也，雖折葼笞之，其惠存焉。

靡，細好也。莌，鋒萌始出。杪，言杪梢也。篾，小貌也。惠，言教在其中也。〔二·八〕

三三　殗於怯切。殜，音葉。微也。宋衛之間曰殗。自關而西秦晉之間凡病而不甚曰殗殜。

病半臥半起也。〔二·九〕

三四　臺、敵，延一作迮。也。東齊海岱之間曰臺。自關而西秦晉之間物力同者謂之臺敵。〔二·一〇〕

三五　抱嬔，追萬切，一作嬎。耦也。耦亦迮，互見其義耳。音赴。荆吴江湖之間曰抱嬔，宋潁之間或曰嬔。〔二·一一〕

〔一〕音鬆，宋本作「馬鬆」。按，諸本皆作「音鬆」。

三六　倚〔一〕、丘寄切。踦，郄奇切〔二〕。奇奇偶。也。自關而西秦晉之間凡全物而體不具謂之倚，梁楚之間謂之踦。雍梁之西郊凡嘼支體不具者謂之踦。〔二·一一〕

三七　逴、勑畧切。獡、音鑠。透，式六切。驚也。自關而西秦晉之間凡蹇者或謂之逴，體而偏長短亦謂之逴。宋衛南楚凡相驚曰獡，或曰透。

逴，行略逴也。獡、透皆驚貌也。〔二·一二〕

三八　儀、佫，來也。陳潁之間曰儀，自關而東周鄭之郊齊魯之間或謂佫曰懷。〔二·一三〕

三九　⿰黍刃、音日〔三〕。⿰黍女，音汝。黏也。齊魯青徐自關而東或曰⿰黍刃，或曰⿰黍女。

言黏⿰黍刃也。〔二·一四〕

四〇　餬〔四〕、音胡。託〔五〕、庇、庇蔭。寓、𦨭，音孕。寄也。齊衛宋魯陳晉汝潁荊州江淮之間曰庇，或曰寓。寄食爲餬，凡寄爲託，寄物爲𦨭。

〔一〕宋本未將「倚」字以下另行單列。

〔二〕郄，宋本作「郗」。匯證（一三一頁）：「宋、明諸本同，盧、錢校本亦同。戴震方言疏證『郤』字作『卻』，周祖謨方言校箋本同戴本。」按，「郗」字誤，「郄」即「卻」。

〔三〕宋本誤合注文雙行小字（音日）爲一「暗」字，並羼入正文。

〔四〕宋本未將「餬」字以下另行單列。

〔五〕託，宋本作「託」，誤。

餬，傳曰：「餬予口於四方。」是也。〔二·一四〕

四一　**逞、苦、了，快也。自山而東或曰逞，楚曰苦，秦曰了。**今江東人呼快爲逞，相緣切。苦而爲快者，猶以臭爲香，治爲亂，但爲存，此訓義之反覆用之是也。〔二·一五〕

四二　**悔、慙、赧、愧也。晉曰悔，或曰慙。秦晉之間凡愧而見上謂之赧，梁宋曰慙。**音匿。小雅曰：「面赤愧曰赧。」赧慙〔一〕，亦慙貌也。〔二·一六〕

四三　**叨、**託高切。**惏，**洛含切。**殘也。陳楚曰惏。**〔二·一七〕

四四　**憑、𢙦、苛，怒也。楚曰憑，小怒曰𢙦。陳謂之苛。**憑，恚盛貌。楚辭曰〔二〕：「康回憑怒。」𢙦，言噤𢙦也。苛，相苛責也。〔二·一八〕

四五　**㦗、**音策。**剌，痛也。自關而西秦晉之間或曰㦗。**㦒㦗，小痛也。〔二·一九〕

四六　**撟捎，**矯騷兩音。**選也。自關而西秦晉之間凡取物之上謂之撟捎。**

〔一〕赧，宋本作「赧」。
〔二〕楚辭，宋本作「楚詞」。

此妙擇積聚者也。〔二·二〇〕

四七　撊、呼旱切。梗、魚鞕。爽，猛也。晉魏之間曰撊，韓趙之間曰梗，齊晉曰爽。

傳曰：「撊然登埤。」〔二·二一〕

四八　餽、消息。喙、口喙。呬，許利切〔二〕。息也。周鄭宋沛之間曰餽，自關而西秦晉之間或曰喙，或曰餽，東齊曰呬。〔二·二二〕

四九　鎃、劈歷。摫，音規。裁也。梁益之間裁木爲器曰鎃，裂帛爲衣曰摫。鎃又斲也，晉趙之間謂之鎃鎃。

鎃、摫，皆折破之名也。〔二·二四〕

五〇　鐫，子旋切。琢也。晉趙謂之鐫。

謂鏨鐫也。〔二·二五〕

五一　鍇、音揩〔三〕。鍇，音啓。堅也。自關而西秦晉之間曰鍇，吴揚江淮之間曰鍇。〔二·二六〕

五二　揄鋪、音敷。襤音藍。極、帗音拂。縷、葉輸，音臾。毳音脆。也。荊揚江湖之間曰揄鋪，楚

〔二〕許利，宋本作「許四」。按，説文口部：「東夷謂息爲呬，从口，四聲。」集韻：「呬，許四切。」

〔三〕揩，宋本同。按，戴震方言疏證改作「楷」，是也，當據正。

曰⿰巾監⿰巾巠，陳宋鄭衛之間謂之帗縷，燕之北郊朝鮮洌水之間曰葉輸。

揄鋪已下皆謂物之行蔽也。葉輸，今名短度絹爲葉輸也〔一〕。〔一一·二七〕

五三　孑、藎，昨吝切。餘也。周鄭之間曰藎，或曰孑。青徐楚之間曰孑。自關而西秦晉之間炊薪不盡曰藎。孑，俊也。遵，俊也。

孑、藎，謂遺餘。俊、遵，廣異語耳。〔一一·二八〕

五四　翿、音濤。幢，傳江切〔二〕。翳也。楚曰翿，關西關東皆曰幢。

儛者所以自蔽翳也。〔一一·二九〕

五五　挍、略，求也。秦晉之間曰挍，就室曰挍，於道曰略。略，强取也。攈〔三〕、古捃字。摭，盜蹠。取也。此通語也。〔一一·三〇〕

五六　茫、莫光切。矜、奄，遽也。吳揚曰茫，陳潁之間曰奄，秦晉或曰矜，或曰遽。

遽，謂遽矜也。吳揚曰茫，今北方通然也。〔一一·三一〕

〔一〕絹，宋本作「綃」。按，作「絹」是也，諸明本均作「絹」。

〔二〕傳江，宋本作「徒江」，是也。按，此條又見於卷三釋器第一條。

〔三〕攈，宋本作「攗」。按，「攗」乃「攈」之譌字。

〔四〕速，宋本作「速」，是也。

五七　速、逞、摇扇，疾也。東齊海岱之間曰速，燕之外鄙朝鮮洌水之間曰摇扇，楚曰逞。

〔二·三二〕

五八　予、賴，讎也。南楚之外曰賴，秦晉曰讎。

賴亦惡名。〔二·三三〕

五九　恒慨、蔘索含切。綏、羞繹、音奕。紛母，言既廣又大也。荆揚之間凡言廣大者謂之恒慨，東甌之間謂之蔘綏，或謂之羞繹、紛母。

東甌亦越地，今臨海永寧是也。〔二·三四〕

六〇　剿、雀潦切，又子了切。蹶，音厥。獪古狡狭字。也。秦晉之間曰獪；楚謂之剿，或曰蹶；楚鄭曰蔿，音指撝，亦或聲之轉也。或曰姡。胡刮切。

蹶，言踣蹶〔一〕。姡，言黠姡也。今建平郡人呼狡爲姡〔二〕。〔二·三五〕

六一　蔿、音花。譌、訛言。譁、五瓜切。涅，化也。燕朝鮮洌水之間曰涅，或曰譁。雞伏卵而未孚，音赴。始化之時謂之涅。

蔿、譌、譁皆化聲之轉也。〔三·六〕

〔一〕宋本「踣蹶」下有「也」字煞句。

〔二〕狡，宋本作「姣」。按，盧文弨重校方言亦作「狡」。「狡」於義爲長。

六二　斟、協，汁也。北燕朝鮮洌水之間曰斟，自關而東曰協，關西曰汁。汁，謂和協也，或曰潘汁，所未能詳。〔三·七〕

六三　逞、曉、恔、苦，快也。自關而東或曰曉，或曰逞。江淮陳楚之間曰逞，宋鄭周洛韓魏之間曰苦，東齊海岱之間曰恔，自關而西曰快。快即狡，狡戲亦快事也。〔三·一三〕

六四　膠、譎，詐也。涼州西南之間曰膠，自關而東西或曰譎，或曰膠。詐，通語也。汝南人呼欺爲讉，訰回切。亦曰詒，音殆。〔三·一四〕

六五　揠、擢、拂、戎，拔烏拔切。也。自關而西或曰拔，或曰擢。自關而東江淮南楚之間或曰戎。東齊海岱之間曰揠。今呼拔草心爲揠。〔三·一五〕

六六　慰、壥〔一〕、度，尻也。江淮青徐之間曰慰，東齊海岱之間或曰度，或曰壥，或曰踐。

●尻疑作㞐〔二〕。

〔一〕壥，宋本作「廛」，下同。二字同。

〔二〕論稿（二七頁）：「宋本作『凥』，是居處義古字，此字久廢而作『居』，『㞐』亦古『居』字。」

周官云：「夫一廛。」宅也。音纏約。〔三·一六〕

六七 萃、雜，集也。東齊曰聖。〔三·一七〕

六八 迨，音殆。遝，及也。東齊曰迨，關之東西曰遝，或曰及。〔三·一八〕

六九 班、徹，列也。北燕曰班，東齊曰徹。〔三·二〇〕

七〇 掩、醜、掍、衮衣。綷，作憒切。同也。江淮南楚之間曰掩，宋衛之間曰綷，或曰掍；東齊曰醜。〔三·二二〕

七一 裕、猷，道也。東齊曰裕，或曰猷。〔三·二三〕

七二 虔、散，殺也。東齊曰散，青徐淮楚之間曰虔。〔三·二四〕

七三 庸、恣、比、比次。侹、侹直。更、佚，蹉跌。代也。齊曰佚，江淮陳楚之間曰侹，餘四方之通語也。

今俗亦名更代作爲恣作也。〔三·二六〕

七四 撲，打撲。鋌、音挻。澌，盡也。南楚凡物盡生者曰撲生。物空盡者曰鋌；鋌，賜也。連此撲澌皆盡也。鋌，空也，語之轉也。

撲生，今種物皆生云撲地生也。鋌，亦中國之通語也。〔三·四九〕

七五 撲、翕、葉，聚也。楚謂之撲，或謂之翕。葉，楚通語也。

撲屬，葉相著貌〔一〕。〔三·五〇〕

七六　斟，益也。南楚凡相益而又少謂之不斟。凡病少愈而加劇亦謂之不斟，或謂之何斟。言斟酌益之。不斟，言雖少損無所益也〔二〕。〔三·五一〕

七七　聳、⿰爿长〔三〕，欲也。荆吴之間曰聳，晉趙曰⿰爿长。自關而西秦晉之間相勸曰聳，或曰⿰爿长。中心不欲而由旁人之勸語亦曰聳。凡相被飾亦曰⿰爿长。皆强欲也。山頂也。●「⿰爿长」疑作「⿰爿夆」。「山頂」上或脱「⿰爿夆」字。〔六·一〕

七八　陂、偏頗。傜，逍遥。衺也〔四〕。陳楚荆揚曰陂，自山而西凡物細大不純者謂之傜。言□傜也〔五〕。〔六·三〕

七九　由迪，正也。東齊青徐之間相正謂之由迪。〔六·四〕

八〇　怏，音腆。恧，人力切，又女六切。慙也。荆揚青徐之間曰怏，若梁益秦晉之間言心内慙

〔一〕葉，宋本作「䕌」。又著，宋本作「着」。
〔二〕少，宋本作「小」。
〔三〕⿰爿长，宋本同。按，戴震方言疏證改作「⿰爿犬」，「⿰爿犬」，古「獎」字。戴校是也，當據正。
〔四〕衺，宋本作「衰」。按，宋明諸本皆作「衺」，「衰」乃譌字。
〔五〕□，宋本作「娥」。按，戴震方言疏證改「娥」作「俄」，傾貌。

矣；山之東西自愧曰恧；趙魏之間謂之䀢[一]。音密，亦祕[二]。

八一　謇，音蹇。展，難也。齊晉曰謇。山之東西凡難貌曰展。荆吴之人相難謂之展，若秦晉之言相憚矣。齊魯曰燀。昌羨切。

小爾雅曰：「心愧爲恧。」〔六·五〕

八二　胥、由，輔也。吴越曰胥，燕之北鄙曰由。

燀，難而雄也。〔六·六〕

胥，相也；由，正。皆謂輔持也。〔六·七〕

八三　蛩烘，鞏恭兩音。戰慄也。荆吴曰蛩烘。蛩烘，又恐也。〔六·八〕

八四　鋪、吐本切。錘，直睡切。重也。東齊之間曰鋪，宋魯曰錘。〔六·九〕

八五　鋡、音含。龕，受也。齊楚曰鋡，揚越曰龕。受，盛也，猶秦晉言容盛也。

今云龕囊，依此名也。〔六·一〇〕

八六　伆、音刎。邈，離也。楚謂之越，或謂之遠；吴越曰伆。

[一]　䀢，宋本作「䀢」。匯證（四二四頁）認爲「䀢」乃「䀢」之形譌。

[二]　祕，宋本作「祕」。按，作「祕」是，作「祕」者字之誤也。

謂乖離也。［六・一六］

八七　誣、𧩮乙劍切。与也。吴越曰誣；荆齊曰𧩮与，猶秦晉言阿与。相阿与者，所以致誣𧩮也。［六・一八］

八八　掩、索，取也。自關而東曰掩〔一〕；自關而西曰索，或曰狚〔二〕。［六・一九］

八九　遥、廣，遠也。梁楚曰遥。［六・二一］

九〇　汩、于筆切。遥，疾行也。南楚之外曰汩，或曰遥。汩汩，急貌也。［六・二二］

九一　絓、音乖。挈、口八切。⿰亻氣、古⿱䒑儿字。介，特也。楚曰⿰亻氣〔三〕，晉曰絓，秦曰挈。物無耦曰特，獸無耦曰介。飛鳥曰雙〔四〕，鴈曰椉〔五〕。傳曰：「逢澤有介麋。」［六・二四—二五］

〔一〕宋本無「而」字。按，戴震方言疏證亦補「而」字。

〔二〕宋本下有郭注「但伺也」三字。

〔三〕⿰亻氣，宋本作「⿰亻氣」。按，戴震方言疏證亦作「⿰亻氣」，與上文「⿰亻氣」同。

〔四〕雙，宋本作「雙」。按，「雙、雙」同。以下不再出校。

〔五〕宋本「飛鳥」以下另行單列。

九二　**台、既，失也。宋魯之間曰台。**［六・二六］

九三　**稟、浚，敬也。秦晉之間曰稟，齊曰浚。吴楚之間自敬曰稟。**［六・二八］

九四　**悛、**音銓。**懌，**音奕。**改也。自山而東或曰悛，或曰懌。**

論語曰：「悦而不懌。」［六・二九］

九五　**偍、**度指切[一]。**用，行也。朝鮮洌水之間或曰偍。**

偍皆，行貌。［六・三一］

九六　**鋪**音敷。**頒，索也。東齊曰鋪頒，猶秦晉言抖藪也。**

謂抖藪舉索物也。［六・三二］

九七　**參、蠡，**音麗。**分也。齊曰參，楚曰蠡，秦晉曰離。**

謂分割也。［六・三三］

九八　**緡、緜，**音旻。**施也。秦曰緡，趙曰緜，吴越之間脱衣相被謂之緡緜。**

緡緜，相覆及之名也。［六・三五］

九九　**悀、**音踊。**偪，**妨逼切。**滿也。凡以器盛而滿謂之悀，腹滿曰偪。**

[一] 指，宋本作「揩」。按，據周祖謨方言校箋，當作「楷」。

悀言涌出也。偪言勑偪也。〔六·三六〕

一〇〇　傒醯、醯酢。冉音髯。鑈〔一〕，危也。東齊椅居枝切。物而危謂之傒醯，偽物謂之冉鑈。〔六·三七〕

一〇一　紕、音毗。繹、音亦。督、雉，理也。秦晉之間曰紕。凡物曰督之，絲曰繹之。「雉」疑作「薙」。督之，言正理也。繹之，言解繹也。〔六·三八〕

一〇二　弞、古矧字。呂，長也。東齊曰弞，宋魯曰呂。〔六·三九〕

一〇三　𨁐、膂，力也。東齊曰𨁐，宋魯曰膂。膂，由力也〔二〕。𨁐，律𨁐，多力貌。膂，由力，謂耕墾也。〔六·四〇〕

一〇四　癋、諦，瓜蒂。審也。齊楚曰癋，秦晉曰諦。癋，埋也。又翳。〔六·四一〕

一〇五　譩音翳。諦，亦音蒂。諟亦審諟，互見其義耳。音帝。也。吳越曰譩諦。〔六·四二〕

〔一〕鑈，宋本作「鐮」，下同。按，「鑈、鐮」同。
〔二〕由，宋本作「田」，下同。

一〇六　揞、烏感切。揜、錯、音酢。摩，滅也。荆楚曰揞，吴揚曰揜，周秦曰錯，陳之東鄙曰摩。［六·四三］

一〇七　抾摸，去也。齊趙之總語也。抾摸猶言持去也。［六·四四］

一〇八　舒勃，展也。東齊之間凡展物謂之舒勃。［六·四五］

一〇九　摳揄，旋也。秦晉凡物樹稼早成熟謂之旋，燕齊之間謂之摳揄。［六·四六］

一一〇　絚、罔鄧切。筳，湯丁切。竟也。秦晉或曰絚，或曰竟；楚曰筳。［六·四七］

一一一　擱〔一〕、音剡。剿，音妾。續也。秦晉續折謂之擱，繩索謂之剿。［六·四八］

一一二　擘，音檗。楚謂之紉。音刃。

今亦以綫貫針爲紉。［六·四九］

一一三　閻笘，開也。東齊開户謂之閻笘〔二〕，楚謂之闓。亦開字也。［六·五〇］

一一四　杼、柚，作也。東齊土作謂之杼，木作謂之柚。［六·五一］

一一五　厲、卬，爲也。甌越曰卬，吴曰厲。

爾雅曰：「俶、厲，作。」作，亦爲也。［六·五二］

〔一〕擱，宋本作「擱」，下同。按，「擱、擱」同。

〔二〕笘，宋本作「苫」。

一一六　**戲、憚，怒也。齊曰戲，楚曰憚。**〔六·五三〕

一一七　**爰、喛，恚也。楚曰爰，秦晉曰喛，皆不欲譍而强盒之意也。**

恚，謂悲恚也。〔六·五四〕

一一八　**諄**之潤切。**憎，所疾也。宋魯凡相惡謂之諄憎，若秦晉言可惡矣。**〔七·一〕

一一九　**杜、蹻，**音笑謔。**歰也。趙曰杜，山之東西或曰蹻。**

杜，今俗語通言歰如杜，杜棃子歰，因名之。蹻，郄蹻〔一〕，燥歰貌。〔七·二〕

一二〇　**佻、抗，縣也。趙魏之間曰佻，自山之東西曰抗；燕趙之郊縣物於臺之上謂之佻。**丁小切。

佻，了佻，縣物〔二〕。〔七·三〕

一二一　**發、稅，舍**宜音寫。**車也。東齊海岱之間謂之發，宋趙陳魏之間謂之稅。**

發，今通言發寫也。稅，猶脱也。〔七·四〕

一二二　**肖、類，法也。齊曰類，西楚梁益之間曰肖。秦晉之西鄙自冀隴而西使犬曰哨。**

〔一〕郄，宋本作「郤」。按，作「郄」是，同「卻」，參見本卷第三六條校記。

〔二〕縣物，宋本作「縣物皃」。按，「了佻」，即「了𠄏」，疊韻，狀貌。疑陳氏脱「貌」字。

音騷。西南梁益之間凡言相類者亦謂之肖。冀縣，今在天水。肖者，似也。［七·五］

一二三　憎、懹，憚也。陳曰懹。相畏憚也。［七·六］

一二四　譙、或作誚［一］。讙，火袁切。讓也。齊楚宋衛荆陳之間曰譙，自關而西秦晉之間凡言相責讓曰譙讓，北燕曰讙。［七·七］

一二五　僉、胥，皆也。自山而東五國之郊曰僉，東齊曰胥。六國惟秦在山西［二］。［七·八］

一二六　侔莫，强也。北燕之外郊凡勞而相勉若言努力者謂之侔莫。［七·九］

一二七　倮音卬竹。偢，罵也。燕之北郊曰倮偢。倮偢，羸小可憎之名也。［七·一〇］

一二八　展、惇，信也。東齊海岱之間曰展，燕曰惇。惇亦誠信貌。［七·一一］

［一］宋本「或」上有「字」字。

［二］惟，宋本作「唯」。

一二九　斯，掬，離也。齊陳曰斯，燕之外郊朝鮮洌水之間曰掬。［七・一二］

一三〇　蝎、音曷。噬，卜筮。逮也。東齊曰蝎，北燕曰噬。逮，通語也。［七・一三］

一三一　皮傅〔一〕、彈憸，音斂。强也。秦晉言非其事謂之皮傅，東齊陳宋江淮之間曰彈憸。

强，謂强語也。［七・一四］

一三二　膊、普博切。曬、霜智切。晞，暴也。東齊及秦之西鄙言相暴僇爲膊。燕之外郊朝鮮洌水之間凡暴肉發人之私、披牛羊之五藏謂之膊。暴五穀之類，秦晉之間謂之曬，東齊北燕海岱之郊謂之晞。

暴僇，謂相暴磔惡事〔二〕。［七・一五］

一三三　魏上巳音。盈，怒也。燕之外郊朝鮮洌水之間凡言呵叱者謂之魏盈。［七・一八］

一三四　瀧音籠。涿謂之霑漬。

瀧涿猶瀨滯也。［七・二〇］

一三五　希、鑠，摩也。燕齊摩鋁謂之希。音慮。［七・二一］

〔一〕傅，宋本作「傳」。按，「傳」同「傅」。匯證（五一一頁）：「僅憑膚淺之見而牽强附會謂之『皮傅』。」傅，字之誤也。

〔二〕下「暴」字，宋本作「暴」。按，「暴、暴」同。又宋本「惡事」下有「音膊脯」三字。

一三六　平均，賦也。燕之北鄙、東齊北郊凡相賦斂謂之平均。〔七·二二二〕

一三七　羅謂之離，離謂之羅。皆行列物也。〔七·二二三〕

一三八　釗、上已音。超，遠也。燕之北郊曰釗，東齊曰超。〔七·二二四〕

一三九　漢漫〔一〕、賑音瞋恚。眩，懣也。朝鮮洌水之間煩懣謂之漢漫。顛眴謂之賑眩。音懸。〔七·二二五〕

一四〇　憐職，㤅也。言相㤅憐者，吴越之間謂之憐職。〔七·二二六〕

一四一　竘、恪垢切。貌，治也。吴越飾貌爲竘，或謂之巧。治，謂治作也。竘、巧，語楚聲轉耳。〔七·二二八〕

一四二　煦州呼。煆，呼夏切。熱也，乾也。吴越曰煦煆。熱則乾⿰火參。〔七·二二九〕

一四三　攍、音盈。膂、賀、艜，音鄧。儋也。齊楚陳宋之間曰攍；燕之外郊、越之垂甌、吴之外鄙謂之膂；南楚或謂之攍；自關而西、隴冀以往謂之賀，凡以驢馬馲駝載物

〔一〕漫，宋本作「澷」。按，「漫、澷」同。匯證（五二六頁）：「『煩懣』猶今之所言煩悶也，『漢漫』蓋『煩懣』之方音轉語。」

者謂之負他，音大。亦謂之賀。䚦，今江東呼擔兩頭有物爲䚦。攍，莊子曰：「攍糧而赴之。」膂，擔者用膂力，因名云。賀，今江東語亦然。[七·三〇]

一四四　樹植，立也。燕之外郊朝鮮洌水之間凡言置立者謂之樹植。[七·三一]

一四五　過度謂之涉濟。猶今云濟度。[七·三二]

一四六　福禄謂之祓戩。廢箭兩音。[七·三三]

一四七　傺、音際。眙，敕吏切。逗也。逗，即今住字[一]。南楚謂之傺，西秦謂之眙。逗，其通語也。眙，謂住視也。西秦，酒泉、燉煌、張掖是也。[七·三四]

一四八　婬[二]、愓，游也[三]。江沅之間謂戲爲婬，或謂之愓，音羊。或謂之嬉。香其切。[一〇·一]

一四九　曾、訾，何也。湘潭之原荊之南鄙謂何爲曾，或謂之訾，若中夏言何爲也。

[一] 按，宋本「住字」下有「也」字煞句。

[二] 婬，宋本作「媱」。按，「婬、媱」同。

[三] 游，宋本作「遊」。按，「游、遊」同。

潭，水名，出武陵，音覃〔一〕，一曰淫〔二〕。訾，今江東人語亦云訾，爲聲如斯。〔一〇·二〕

一五〇 央亡、嚜音目。屎、丑夷切。婩，胡刮切。獪也。江湘之間或謂之無賴，或謂之𤞟。恪交切。凡小兒多詐而獪謂之央亡，或謂之嚜屎，或謂之婩。婩，娗也，或謂之猾。音滑。皆通語也。

𤞟，恐恥，多智也。嚜屎，潛潛狡也。婩，言黠婩也。娗，言恫娗也。〔一〇·三〕

一五一 誺，音癡非賴〔三〕。不知也。沅澧音禮。之間凡相問而不知答曰誺〔四〕，使之而不肯答曰㗐。音茫。粃，不知也。

誺，江東曰咨，此亦如聲之轉也。澧水，今在長沙。㗐，今中國語亦然。粃，今淮楚間語呼聲如非也。〔一〇·五〕

一五二 煤，呼隗切。火也。楚轉語也，猶齊言焜，音毀。火也。〔一〇·六〕

一五三 嘳、音蒯。無寫，憐也。沅澧之原凡言相憐哀謂之嘳，或謂之無寫，江濱謂之思。

〔一〕覃，宋本作「潭」。匯證（六四二頁）以爲「當作『譚』」。
〔二〕一曰淫，宋本作「一曰滛」，同。戴震方言疏證作「亦音淫」，盧文弨重校方言據曹毅之本作「一音淫」。匯證（六四三頁）認爲「淫」爲「潭」之另一音而非義，蓋爲應劭音也，「一曰」非是。
〔三〕音癡非賴，宋本作「音癡眩」。
〔四〕答，宋本作「荅」。按，「答、荅」同。

皆相見驩喜有得亡之意也。九嶷湘潭之間謂之人兮。皆秦漢之代語也[一]。濱，水邊也。九嶷，山名，今在零陵營道縣。［一〇·七］

一五四　婩、魚踐切。嬻[二]，音策。鮮、好也。南楚之外通語也。［一〇·八］

一五五　囒哰、闌牢二音。謰謱，上音連，下力口切。拏奴加切。也。東齊周晉之鄙曰囒哰。囒哰亦通語也；南楚曰謰謱，或謂之支註，支，之豉切。註，音注。或謂之詀謕，上託兼切，下音啼。轉語也；拏，揚州會稽之語也，或謂之惹，汝邪切，一音若。或謂之䛳。拏，言諸拏也。平原人好囒哰也。惹，言情惹也。䛳，言誣䛳也。［一〇·九］

一五六　亄、音懿。嗇，貪也。荆汝江湘之郊凡貪而不施謂之亄，或謂之嗇，或謂之悋。悋，恨也。貪，謂慳貪也。亄，亦中國之通語。恨，慳者多情恨也。［一〇·一〇］

一五七　遙、窕，淫也。九嶷荆郊之鄙謂淫曰遙，沅湘之間謂之窕。遙，言心遙蕩也。窈窕，冶容[三]。［一〇·一一］

〔一〕宋本「秦漢」二字處爲墨釘。

〔二〕嬻，宋本作「嬻」。按，「嬻、嬻」同「嫧」字。

〔三〕冶，宋本作「治」，字之誤也。

一五八　潛、涵，沈也[一]。楚郢以南曰涵，音含，或古南切。或曰潛。潛又游也[二]。潛行水中亦爲游也。［一〇·一二］

一五九　家、安，靜也。江湘九嶷之郊謂之家。［一〇·一三］

一六〇　拌，音伴，又普槃切。棄也。楚凡揮棄物謂之拌，或謂之敲；恪校切。淮汝之間謂之役。音鬣，又音犳、音豹。敲，今汝潁間語亦然，或云撅也。役，江東又呼撅。［一〇·一四］

一六一　諑[三]，愬也。楚以南謂之諑。諑譖亦通語也。［一〇·一五］

一六二　戲泄，歇也。楚謂之戲音義。泄。奄，息也，楚揚謂之泄。［一〇·一六］

一六三　攓，音騫，一曰蹇[四]。取也。楚謂之攓。［一〇·一七］

〔一〕沈，宋本作「沉」。按，「沈、沉」同。以下不再出校。

〔二〕游，宋本作「遊」。按，「游、遊」同。以下不再出校。

〔三〕諑，宋本同。匯證（六六三頁）：「諑，字之譌也，當作『諑』，注内『諑』亦當改作『諑』。」

〔四〕蹇，宋本作「騫」。王念孫手校明本改「音騫」之「騫」作「蹇」。盧文弨重校方言改作「音蹇，一音騫」。

一六四 咈、●音曬〔一〕。曬，乾物也。揚楚通語也。亦皆北方通語。咈或云嘌〔二〕。〔一〇・一八〕

一六五 棐，音斐。猝也。江湘之間凡卒相見謂之棐相見，或曰突。他骨切。猝謂倉卒也。〔一〇・一九〕

一六六 迹迹、屑屑，不安也。江沅之間謂之迹迹；秦晉謂之屑屑，或謂之塞塞，或謂之省省，不安之語也。皆往來之貌也。〔一〇・二〇〕

一六七 潣音閔。沐、佂伀，遑遽也。江湘之間凡窘猝怖遽謂之潣沐，或謂之佂伀。潣沐，喘喈貌也。〔一〇・二一〕

一六八 翥，舉也。楚謂之翥。謂軒翥也。〔一〇・二二〕

一六九 忸怩，慙歰也。楚郢江湘之間謂之忸怩，或謂之𥈖咨。子六、莊伊二切。歰猶苦者。〔一〇・二三〕

〔一〕此爲陳與郊所注音，非是。

〔二〕咈或云嘌，宋本作「咈音□非，亦皆北方常語耳，或云嘌」，「非」上部空缺半字。

一七〇　垤、封，塲也。楚郢以南蟻土謂之垤。垤，中齊語也。〔一〇·二四〕

一七一　讁，音賾，亦音適。過也。南楚以南凡相非議人謂之讁，或謂之衇。血脉。衇，又慧也。過，謂罪過也。讁，罪罰也。衇，今名黠，鬼衇。〔一〇·二五〕

一七二　呰、昨啓切。矲，蒲揩切。短也。江湘之會謂之呰。凡物生而不長大亦謂之鮆，又曰瘠。音薺菜。桂林之中謂短矲。矲，通語也。東陽之間謂之府。今俗亦呼小爲瘠〔一〕。矲，言矲偕也。府，言俯視之，因名云。〔一〇·二八〕

一七三　悅、舒，蘇也。楚通語也。謂蘇息也。〔一〇·三一〕

一七四　眠娗、莫典、淦殄二切〔二〕。脉蜴、音析。賜施、輕易。茭媞、恪交〔三〕、得懈二切。譠謾、託蘭、莫蘭二切。愕怹，麗酗二音。皆欺謾之語也。楚郢以南東揚之郊通語也。六者中國相輕易妛弄之言也〔四〕。〔一〇·三二〕

一七五　紛怡，喜也。湘潭之間曰紛怡，或曰巸巳。嬉怡二音。〔一〇·三五〕

〔一〕宋本無「亦」字。

〔二〕淦殄，宋本作「塗殄」。按，「淦」乃譌字。

〔三〕交，宋本作「挍」。

〔四〕宋本「六者」下有「亦」字。又，妛，宋本作「蚩」，「妛、蚩」同。

一七六　湖，酒酣。或也。沅澧之間凡言或如此者曰湖如是。亦此憨聲之轉耳。〔一〇·三六〕

一七七　愮、療，治也。江湘郊會謂醫治之曰愮。音曜。愮又憂也。或曰療。俗云厭愮病。愮、憂，博異義也。〔一〇·三七〕

一七八　抋、捶祕。抌，都感切，亦音甚。推也。南楚凡相推搏曰抋，或曰揔；苦骨切。沅涌澆音扶。幽之語，或曰攩。音晃。澆水，今在桂陽；涌水，今在南郡華容縣也。今江東人亦名推爲攩。〔一〇·四〇〕

一七九　食閻、音塩〔一〕。慫慂，上子竦切，下音涌。勸也。南楚凡己不欲喜而旁人說之、不欲怒而旁人怒之謂之食閻，或謂之慫慂〔二〕。〔一〇·四一〕

一八〇　欸、音醫，或音塵埃。譩，凫鷖。然也。南楚凡言然者曰欸，或曰譩。〔一〇·四二〕

一八一　緤、音薛。末、紀，緒也。南楚皆曰緤，或曰端、或曰紀、或曰末，皆楚轉語也。〔一〇·四三〕

一八二　瞍、音揔。貀、音麗。闚、貼、勑纖切。占、伺，視也。凡相竊視南楚謂之闚，或謂之瞍，或

〔一〕塩，宋本作「鹽」。按，「塩、鹽」同。

〔二〕慫慂，宋本作「慫涌」。

謂之貼，或謂之占，或謂之䀡。䀡，中夏語也。闚，其通語也。自江而北謂之貼，或謂之覗。凡相候謂之占，占猶瞻也。

䀡，亦言睷也。〔一〇·四四〕

一八三 䳕、惡孔切。䵜、奴動切。㖇，多也。南楚凡大而多謂之䳕，或謂之䵜。凡人語言過度及妄施行亦謂之䵜。〔一〇·四五〕

一八四 抯、相棃。摣，以加切。取也。南楚之間凡取物溝泥中謂之抯〔一〕，或謂之摣〔二〕。●

「以加切」之「以」恐誤，或作「似」作「止」。〔一〇·四六〕

一八五 佻、音汎。僄，飄零。輕也。楚凡相輕薄謂之相佻，或謂之僄也。〔一〇·四七〕

一八六 一，蜀也。南楚謂之獨。

蜀猶獨耳。〔一二·一二〇〕

輶軒使者絶代語釋別國方言類聚卷二終

〔一〕抯，宋本作「柤」。按，作「抯」是也，與上文合。

〔二〕摣，宋本作「樝」。按，作「摣」是也，與上文合。

輶軒使者絶代語釋別國方言類聚卷三

漢揚雄紀　晉郭璞解

明陳與郊類

釋人第三

一　陳楚之間凡人嘼乳而雙產謂之釐孳，音兹。秦晉之間謂之僆音輦。子，自關而東趙魏之間謂之孿蘇宦切〔一〕。生〔二〕。女謂之嫁子。嫁子，言往適人。〔三·一〕

二　崽音枲。者，子也。湘沅之會音獪。凡言是子者謂之崽，若東齊言子矣。聲如宰。

〔一〕蘇宦切，宋本作「蘇官反」。按，周祖謨方言校箋：「此『蘇官反』疑爲『蘇宦反』之誤。」匯證（一七七頁）：「集韻諫韻『孿』音『數患切』，亦爲去聲，周校是也。」

〔二〕孿生，宋本作「𡦃生」。按，「孿、𡦃」同。

崽，子聲之轉也。會，兩水合處也。〔一〇·四〕

三 **眉、棃、耋、鮐，老也。東齊曰眉，燕代之北鄙曰棃，宋衛兖豫之内曰耋，**音經。**秦晉之郊陳兖之會曰耇**音垢。**鮐。**

眉，言秀眉也。棃，言面色如凍棃〔一〕。八十爲耋。鮐，言背皮如鮐魚。〔一·一八〕

四 **傁、艾，長老也。東齊魯衛之間凡尊老謂之傁，或謂之艾；周晉秦隴謂之公，或謂之翁；南楚謂之父，或謂之父老。南楚瀑洭**暴匡兩音。**之間母謂之媓**〔二〕，**謂婦妣曰母姼，**音多。**稱婦考曰父姼。**

禮記曰：「五十爲艾。」洭水，在桂陽。古者通以考妣爲生存之稱。〔六·五五〕

五 **慽**音良愭。**鰓**〔三〕、音魚鰓。**乾**音干。**都、耇**音垢〔四〕。**革，老也。皆南楚江湘之間代語也。**

慽鰓已下，皆老者皮色枯瘁之形〔五〕。代語，凡以異語相易謂之代也。〔一〇·三九〕

〔一〕如，宋本作「似」。

〔二〕瀑，宋本作「澤」。匯證（四六八頁）：「『澤』當作『瀑』，即『瀑』。」

〔三〕慽，宋本作「㦗」，下同。按，「慽、㦗」同。又郭注中愭，宋本作「悻」，當據正。

〔四〕垢，宋本作「姤」。

〔五〕宋本「形」下有「也」字煞句。

六　朦、忙紅切。厖，鴟鷉。豐也。自關而西秦晉之間凡大貌謂之朦，或謂之厖；豐，其通語也。趙魏之郊燕之北鄙凡大人謂之豐人。燕記曰：「豐人杼首。」杼首，長首也。楚謂之伃，音序。燕謂之杼。燕趙之間言圍大謂之豐。謂度圍物也。〔二·二〕

七　娥、𡣕，音盈。好也。秦曰娥，宋魏之間謂之𡣕〔一〕，秦晉之間凡好而輕者謂之娥。自關而東河濟之間謂之媌，莫交切。或謂之姣。音狡。趙魏燕代之間曰姝，昌朱切，一音株〔二〕。或曰妦。音蜂。自關而西秦晉之故都曰妍。五千切。好，其通語也。娥，言娥娥也。𡣕，言𡣕𡣕也。今關西人亦呼好爲媌。姣，言姣潔也。姝，亦四方通語。妦，言妦容也。秦舊都，今扶風雍丘也。晉舊都，今太原晉陽縣也。其俗通呼好爲妍，一作忓。〔一·三〕

八　娃、烏佳切。媠〔三〕、諾過切。窕、途了切。豔，美也。吳楚衡淮之間曰娃，南楚之外曰媠，

〔一〕𡣕，宋本殘缺。匯證（一三頁）亦作「𡣕」。

〔二〕宋本「音」上無「一」字。據匯證（一五頁），郭注凡出二音，或曰「又」，或曰「又音」，或曰「一音」，或曰「亦音」，或曰「或音」。依例「音株」上當補一字，或「又」，或「亦」，或「一」，或「或」，未可遽定。

〔三〕媠，宋本作「嫷」，下同。按，「媠、嫷」同。

宋衛晉鄭之間曰豔，陳楚周南之間曰窕。自關而西秦晉之間凡美色或謂之好，或謂之窕。故吴有館娃之宫，榛音七。娥之臺〔一〕。秦晉之間美貌謂之娥〔二〕，美狀爲窕，美色爲豔，美心爲窈。

婧，言婑婧也。宫、臺，皆戰國時諸侯所立也。窕，言閑都也。豔，言光豔也。窈，言幽静也。〔一·三〕

九　奕、僷〔三〕，音葉。容也。自關而西凡美容謂之奕，或謂之僷。宋衛曰僷，陳楚汝潁之間謂之奕。

奕、僷，皆輕麗之貌。〔一·四〕

一〇　顯〔四〕、音綿，下作矊，音字同耳。鑠、舒灼切。盱、香于切。揚、睹〔五〕，音滕。隻也。南楚江淮之間曰顯，或曰睹。好目謂之順，驢瞳之子謂之矊。宋衛韓鄭之間曰鑠。燕代朝鮮洌

〔一〕宋本「榛娥之臺」上有「秦有」二字。
〔二〕宋本「娥」下有郭注：「言娥娥也。」
〔三〕僷，宋本作「偞」。按，「僷、偞」同。
〔四〕顯，宋本作「顯」。按，作「顯」是。
〔五〕睹，宋本作「䁯」。按，據匯證（一〇七頁），「䁯、睹」並爲「䐗」字之誤，「䐗」同「䑛」。

水之間曰盱，或謂之揚。順，言流澤也。黸，黑也。矊，言矊邈也。鑠，言光明也。盱，謂舉眼也。詩曰：「美目揚兮。」〔一〕是也。此本論隻耦，因廣其訓，復言目耳。〔一·五〕

一一　瞷、音閑。睇、音悌。睎、略，音畧。眄也〔二〕。陳楚之間南楚之外曰睇，東齊青徐之間曰睎，吳揚江淮之間或曰瞷，或曰略。自關而西秦晉之間曰眄。〔二·二二〕

一二　矔、慣習。眮，侹侗。轉目也。梁益之間瞋目曰矔，轉目顧視亦曰矔；吳楚曰眮。〔六·一一〕

一三　暥、烏拔切。略，音畧。視也。東齊曰暥，吳揚曰略。凡以目相戲曰暥。略，今中國亦云目□也〔三〕。〔六·二〇〕

一四　䫶、音旃裘。頟、顏，顙也〔四〕。湘江之間謂之䫶，中夏謂之頟〔五〕，東齊謂之顙，汝潁淮泗之間謂之顏。

〔一〕兮：，宋本作「兮」。按，「兮、兮」同。
〔二〕眄，宋本作「眄」，下同。按，作「眄」是。
〔三〕目□，宋本作「目略」。
〔四〕顙，宋本作「顙」，下同。按，「顙」乃「顙」之俗字。
〔五〕謂之，宋本作「之謂」。按，據方言文例，作「謂之」是。

今建平人呼頷爲顏。〔一〇·三三〕

一五　頷、頤，頜也。南楚謂之頷，秦晉謂之頜。頤，其通語也。頷，謂頷車也〔一〕。頷頷，亦今通語耳〔二〕。〔一〇·三四〕

一六　鼻，始也。嘼之初生謂之鼻，人之初生謂之首。梁益之間謂鼻爲初，或謂之祖；祖，居也。

鼻、祖皆始之别名也，轉復訓以爲居，所謂代語者也。〔一三·七一〕

一七　聳、𦗦，聾也。半聾，梁益之間謂之𦗦；音宰。秦晉之間聽而不聰、聞而不達謂之𦗦。生而聾，陳楚江淮之間謂之聳。荆揚之間及山之東西雙聾者謂之聳。聾之甚者，秦晉之間謂之𦖻。五刮切。吴楚之外郊凡無有耳者亦謂之𦖻。其言𦖻者〔三〕，若秦晉中土謂墮耳者明五刮切。也〔四〕。

〔一〕宋本此句原注於正文「頜也」下，云：「謂頷車也。」

〔二〕耳，宋本作「爾」。

〔三〕𦖻，宋本作「聧」。按，正字通：「聧同𦖻省。」

〔四〕明，宋本作「朙」，當據正。

聹，言胎聹煩憒也。聳，言無所聞，常聳耳也〔一〕。聵，言□無所聞知也〔二〕。外傳：「聾聵不可使聽。」〔三〕音蒯聵。●「謂隋耳者明」，明義未□□□或玥字〔四〕。〔六·一二〕

一八　**半盲爲睺**，呼鉤切〔五〕。**半步爲跬**〔六〕。丘篚切〔七〕。〔一二·一一二——一一三〕

一九　**逴**、敕略切〔八〕。**騷**、先牢切。**尵，蹇也。吴楚偏蹇曰騷，齊楚晉曰逴。**尵，跛者行跣踔也。逴，行略逴也。〔六·一二〕

二〇　**㾷**、音斯。**嗌**，惡介切。**噎**音翳。**也。楚曰㾷，秦晉或曰嗌，又曰噎。**皆謂咽痛也。〔六·一三〕

二一　**蹇**、**妯**，音迪。**擾也。人不静曰妯，秦晉曰蹇，齊宋曰妯。**

〔一〕常聳耳，宋本作「當聳聹」。匯證(四一八頁)：「是本作『常聳耳』，當據正。」
〔二〕□，宋本作「聉」。
〔三〕聾聵不可使聽，宋本作「聾聵伺火」。
〔四〕「未」下三字漫漶不清。
〔五〕宋本「呼鉤切」下有「一音猴」三字。
〔六〕宋本「半步」以下另爲一條，並置於「半盲」條之上。
〔七〕丘，宋本作「差」。按，戴震方言疏證作「羌」。
〔八〕略，宋本作「落」。按，戴震方言疏證亦作「略」。

謂躁擾也。［六·二三］

二二 **跟蹬、**音務。**隑企，**欺豉切。**立也。東齊海岱北燕之郊跪謂之跟蹬，委痿謂之隑企。**

今東郡人亦呼長跽爲跟蹬。隑企，脚躄不能行也。［七·一九］

二三 **䏚，兄也。荆揚之鄙謂之䏚，桂林之中謂之䰯。謇**［一］**、極，吃也。楚語也。或謂之軋，**烏八切。**或謂之歰。**

䏚、兄，皆音義所未詳［二］。䰯、謇，亦北方通語也。軋，鞅軋，氣不利也。歰，語歰難也，今江南又名吃爲嚛，若葉切。［一〇·二六—二七］

二四 **東齊之間聓謂之倩。**

倩，言可借倩也。今俗呼女聓爲卒便是也。卒便一作平使。［三·二］

二五 **燕齊之間養馬者謂之娠。**音振。**官婢女廝謂之娠。**

娠，今之温厚也。女廝，婦人給使者，亦名娠。［三·三］

二六 **楚東海之間亭父謂之亭公。**亭民。**卒謂之弩父，或謂之褚。**音赭。

弩父，主擔幔弩導幨，因名云。褚，言衣赤也。［三·四］

［一］宋本「謇」字以下另爲一條。

［二］皆，宋本作「此」。

二七　臧、甬、音勇。侮、獲，奴婢賤稱也。荆淮海岱雜齊之間罵奴曰臧，罵婢曰獲。齊之北鄙燕之北郊凡民男而聓婢謂之臧，女而婦奴謂之獲；亡奴謂之臧，亡婢謂之獲。皆異方罵奴婢之醜稱也。自關而東陳魏宋楚之間保庸謂之甬。秦晉之間罵奴婢曰侮。

俗不純爲雜。保，言可保信也。侮，言爲人所輕弄。〔三·五〕

二八　儓、音臺。䑋，音僰〔一〕。農夫之醜稱也。南楚凡罵庸賤謂之田儓，或謂之䑋，或謂之辟。辟，音擘。商人醜稱也。

倈儓，駑鈍貌。或曰「僕臣儓」，亦至賤之號也。䑋，丁健貌也。廣雅以爲奴，字作僰，音同。辟辟〔二〕，便黠貌也。〔三·四六〕

二九　庸謂之倯，相容切。轉語也。

倯猶保倯也。今隴右人名孏爲倯〔三〕。〔三·四七〕

三〇　鉗、疲、妨反切。憋，妨滅切。惡也。南楚凡人殘罵謂之鉗，又謂之疲。癡，騃吾駭切。也。

〔一〕僰，宋本作「僰」。據匯證（二五一頁），作「僰」者字之誤也，當作「僰」。
〔二〕辟辟，宋本作「僻僻」。按，戴震方言疏證亦作「辟辟」。
〔三〕孏，宋本作「孄」。按，「孏、孄」同。

揚越之郊凡人相侮以爲無知謂之眲。諸革切。眲，耳目不相信也。或謂之斫。

鉗害，又惡也。疲恎，惡腹也。憋怤，急性也。殘猶惡也。眲，因字名也。斫，郄。

斫，頑直之貌，今關西語亦皆然。［一〇·二九］

三一　凡飲藥傅藥而毒，南楚之外謂之瘌，乖瘌。北燕朝鮮之間謂之癆，音聊。東齊海岱之間謂之眠，或謂之眩。自關而西謂之毒。瘌，痛也。

癆、瘌，皆辛螫也。眠眩，亦今通語耳。［三·一二］

三二　瘼、音莫。癁，病也。東齊海岱之間曰瘼，或曰癁[一]，秦曰瘎。音閻，或湛。

癁，謂勞復也。［三·一一］

三三　惃、衮衣。㥿、音教。頓愍，惛也。楚揚謂之惃，或謂之㥿；江湘之間謂之頓愍，或謂之氐惆。丁弟、丁牢二切。南楚飲毒藥懣謂之氐惆，亦謂之頓愍，猶中齊言眠眩也。愁恚憒憒、毒而不發謂之氐惆。

惛，謂迷昏也。頓愍猶頓悶也。氐惆，猶懊憹也。［一〇·三〇］

三四　差、間、知，愈也。南楚病愈者謂之差，或謂之間，或謂之知。知，通語也。或謂之

［一］宋本本句作「東齊海岱之間瘼或曰癁」。據匯證（二二二頁），宋本當補「曰」字。

慧，或謂之憭，或謂之瘳，或謂之鑴，音圭，一圭玄切〔一〕。或謂之除。間，言有間隙。慧、憭，皆意精明。鑴亦除也。〔三·五二〕

釋衣第四

一　襌衣，江淮南楚之間謂之褋，音簡牒。關之東西謂之襌衣。有褒房報切。者，趙魏之間謂之袏衣；無褒者謂之裎音逞。衣。古謂之深衣。楚辭曰：「遺余褋兮澧浦。」〔二〕褒，前施褒囊也。深衣，制見禮記。〔四·一〕

二　襜褕，江淮南楚謂之橦褣，裳凶切。自關而西謂之襜褕，其短者謂之裋音豎。褕。以布而無緣、敝而紩之謂之襤褸。自關而西謂之裗𧝎，音倔。其敝者謂之緻。丁履切。裗𧝎，俗名𧝎掖。緻，縫納敝，故名之也。〔四·二〕

三　汗襦，江淮南楚之間謂之䙢；音甑。自關而西或謂之祇音止。裯〔三〕；丁牢切。自關而東謂之甲襦；陳魏宋楚之間謂之襜襦，或謂之襌襦。

〔一〕宋本本句作「音涓，一圭反」。

〔二〕余，宋本作「佘」。按，作「余」是。

〔三〕祇，宋本作「衹」。據匯證（二七三—二七四頁），戴震方言疏證作「祇」，戴改是也，宋本當據正。

襦，廣雅作褕。祇裯，亦呼爲掩汙也〔一〕。今或呼衫爲單襦。〔四·三〕

四 帬，陳魏之間謂之帔，音披。自關而東或謂之襬。音碑。

襬，今關西語然也。〔四·四〕

五 蔽厀，江淮之間謂之褘，音韋，或暉。或謂之祓。音沸。魏宋南楚之間謂之大巾，自關東西謂之蔽厀，齊魯之郊謂之袡。昌詹切。襦，西南屬漢謂之曲領，或謂之襦。襌，陳楚江淮之間謂之䘪。錯勇切。

襦，字亦作褕，又襦無右也。〔四·五〕

六 袴〔二〕，齊魯之間謂之䙉，音騫。或謂之襱。音鯛魚。關西謂之袴。

傳曰：「徵褰與襦。」〔三〕襱，今俗呼袴踦爲襱。〔四·六〕

七 褕謂之袖。

襦䙉有袖者，因名云。〔四·七〕

八 衱謂之褗。劫偃兩音。

〔一〕汙，宋本作「汗」，當據正。

〔二〕袴，宋本作「袴」，下同。按，「袴、袴」同。以下不再出校。

〔三〕襦，宋本作「襦」。按，「襦、襦」同。以下不再出校。

即衣領也。〔四·八〕

九　袿謂之裾。

衣後裾也。或作袪，廣雅云「衣袖」。〔四·九〕

一〇　褸謂之衽〔一〕。

衣襟也。或曰裳際也。〔四·一〇〕

一一　褸謂之緻。

襤褸，綴結也。〔四·一一〕

一二　裯謂之襤〔二〕。

祗裯，敝衣〔三〕，亦謂襤褸。〔四·一二〕

一三　無緣之衣謂之襤。〔四·一三〕

一四　無袂音藝。之衣謂之褙〔四〕。音慢惰。

〔一〕衽，宋本作「袵」，下同。按，據匯證（二八六頁），「袵」字誤，當作「衽」。

〔二〕襤，宋本作「襤」。按，「襤、襤」同。

〔三〕敝，宋本作「弊」。按，「弊」爲「敝」之俗體。以下不再出校。又祗，宋本作「祗」。按，作「祗」是。

〔四〕宋本無下「之」字。匯證（二八九頁）：「本條上文云『無緣之衣』，下文云『無裥之袴』，均有『之』字。」是則宋本當補「之」字。

袂，衣袖也。［四·一四］

一五 **無𧙊之袴謂之襣。**

袴無踦者，即今犢鼻褌也。「𧙊」亦「襱」，字異耳。［四·一五］

一六 **䘯謂之袩。**干苕、丁俠兩切。

未詳其義。［四·一六］

一七 **衿謂之交。**

衣交領也。［四·一七］

一八 **裺**尖劍切。**謂之襦。**［四·一八］

一九 **襜謂之䘸。**

衣掖下也。［四·一九］

二〇 **佩紟**音禁。**謂之裎。**

所以係玉佩帶也。［四·二〇］

二一 **褸謂之袩。**

即衣衽也〔一〕。［四·二一］

〔一〕 衽，宋本作「衽」，下同。按，作「衽」是。

二二　覆褣作憒切。謂之襌衣。［四·二二］

二三　偏襌謂之襌襦〔一〕。
即衫也。［四·二三］

二四　袀纏灼纏兩音。謂之襌。
今又呼爲凉衣也。［四·二四］

二五　袓音但。飾謂之直衿。
婦人初嫁，所著上衣直衿也。［四·二五］

二六　褎明謂之袍。
廣雅云：「褎明，長襦也。」［四·二六］

二七　繞衿謂之帬。
俗人呼接下，江東通言下裳。［四·二七］

二八　懸褳音掩。謂之緣。
衣縫緣也。［四·二八］

二九　絜襦謂之蔽膝。

〔一〕襌，宋本作「裨」。按，作「襌」是，「偏裨」是古代將佐的通稱，非「襌襦」。

廣異名也。［四·二九］

三〇 裪⿰衤喬謂之袖。衣褾。音⿰衤喬。江東呼䘼，音婉。［四·三〇］

三一 帍裱方廟切。謂之被巾。婦人領巾也。［四·三一］

三二 繞⿰糹盾音循。謂之⿰衤蔿裺。衣督脊也。［四·三二］

三三 厲謂之帶。小爾雅曰：「帶之垂者爲厲。」［四·三三］

三四 襎裷煩寃二音〔一〕。謂之幭。亡別切。緊袼翳洛二音。謂之⿰衤區。音嘔〔二〕。楚謂無緣之衣曰襤，紩衣謂之褸。秦謂之緻。自關而西秦晉之間無緣之衣謂之⿰衤充⿰衤屈。襎裷即帊幞也。緊袼即小兒次衣也。襤褸、緻、⿰衤充⿰衤屈，嫌上説有未了，故復分明之。

［四·三四］

〔一〕二音，宋本作「兩音」。以下不再出校。

〔二〕宋本於「緊袼謂之⿰衤區」下注「翳洛嘔三音」，陳與郊分作兩處。

三五　複襦，江湘之間謂之䙠，音豎。或謂之筩褹。今筩袖之襦也。褹即袂字耳。［四·三五］

三六　大袴謂之倒頓，小袴謂之䘨衧〔一〕。皎了二音。楚通語也。大袴，今雹袴也。小袴，今繚袴也。［四·三六］

三七　幓〔二〕，巾也。大巾謂之帉。音芬。嵩嶽之南陳潁之間謂之帤，奴豬切。亦謂之幓。巾主覆者，故名幓也。嵩，高。中岳山也，今在河南陽城縣。幓，江東通呼巾帉耳。［四·三七］

三八　絡頭，帞音貊。頭也。紗繢、鬠羌位切。帶、髽音菜。帶、帑、音績，亦千。㡋，於法切〔三〕。幓頭也。自關而西秦晉之郊曰絡頭〔四〕，南楚江湘之間曰帞頭，自河以北趙魏之間曰幓頭，或謂之帑，或謂之㡋。其遍者謂之鬠帶。或謂之髽帶。覆結謂之幘巾，或謂之承露〔五〕，或謂之覆髽。皆趙魏之間通語也。

〔一〕衧，宋本作「衦」，當據正。
〔二〕幓，宋本作「幧」，下同。按，作「幧」是。
〔三〕法，宋本作「怯」，當據正。
〔四〕而，宋本作「以」。按，據方言文例，作「而」是。
〔五〕宋本「謂」下無「之」字，當補。

鬢帶，今之偏疊幧頭也[一]。髳亦結也。覆髳，今結籠是也。〔四·三八〕

三九 屝、屨、麄[二]，履也。徐兗之郊謂之屝，音翡。自關而西謂之屨。中有木者謂之複舃，自關而東複履。其庳者謂之鞔音婉。下，禪者謂之鞮，絲作之者謂之履，麻作之者謂之不借，麄者謂之屩，東北朝鮮洌水之間謂之䩕音印。角。南楚江沔之間總謂之麄。西南梁益之間或謂之屩，他回切，字或作屩，音同。或謂之𢊁。下瓦切，一音畫。履，其通語也。徐土邳圻音祁。之間，大麄謂之䩕角。鞮，今韋鞮也。沔水，今在襄陽。邳，今下邳[三]。䩕角，今漆履有齒者。〔四·三九〕

四〇 緉、音兩。緛，音爽。絞音校。也。關之東西或謂之緉，或謂之緛。絞，通語也。謂履中絞也。〔四·四〇〕

四一 纑謂之縝。音振。謂纑縷也。〔四·四一〕

〔一〕疊，宋本作「疉」。按，「疊、疉」同。匯證（三一七頁）：「是作『疊』乃古本方言字，不必改從今體作『疉』。」

〔二〕麄，宋本作「麤」。按，「麄、麤、粗」並同。以下不再出校。

〔三〕邳，宋本作「邷」，且句末有「也」字煞句。

四二　褸裂、須㨗〔一〕、挾斯，敗也。南楚凡人貧衣被醜敝謂之須㨗，或謂之褸音縷。裂，或謂之襤褸，故左傳曰：「華路襤褸，以启山林。」殆謂此也。或謂之挾斯。器物敝亦謂之挾斯。

裂，衣壞貌。須㨗，狎翣也。華路，柴車。挾斯，猶挾變也。〔三·四八〕

釋食第五

一　熬、聚、即鬻字〔二〕，創眇切。煎、僃〔三〕、皮力切。鞏〔四〕，火乾也。凡以火而乾五穀之類，自山而東、齊楚以往謂之熬，關西隴冀以往謂之僃，秦晉之間或謂之聚；凡有汁而乾謂之煎，東齊謂之鞏。拱手。〔七·一六〕

二　胹、而。飪、荏。亨、爛、糦、熾。酋、囚。酷，熟也。自關而西秦晉之郊曰胹，徐揚之間曰飪，嵩嶽以南陳潁之間曰亨。自河以北趙魏之間火熟曰爛，氣熟曰糦，久熟曰酋，穀

〔一〕㨗，宋本作「㨗」，下同。按，據匯證（二五四頁），「㨗」爲「捷」之譌字，又譌作「㨗」。當作「捷」是也。
〔二〕宋本有「也」字煞句。
〔三〕僃，宋本作「僃」，下同。按，「僃、僃」同。
〔四〕鞏，宋本作「鞏」，下同。按，「鞏、鞏」同。

熟曰酷。熟，其通語也。〔七·一七〕

三　茹，食也。吳越之間凡貪飲食者謂之茹。音勝如。

今俗呼能麤食者爲茹。〔七·二七〕

四　餌謂之餻，或謂之粢，或謂之鈴，音鈴。或謂之餣，央怯切。或謂之䬿。音元。〔一三·一五六〕

五　餅謂之飥，音乇。或謂之餦餛。長渾二音。〔一三·一五七〕

六　餳謂之餦餭〔一〕。飴謂之䬵。音該。䬴謂之䭕。音髓。餳謂之餹。音唐。凡飴謂之餳，自關而東陳楚宋衛之通語也。

餦餭即乾飴也。䬴，以豆屑雜餳也。餳，江東皆言餹。〔一三·一五八〕

七　𪍿、音哭。𪌉、音才。䴸、于八切。麰、音牟。𪍠、音脾。䵄、音蒙。䴹，音䑱〔二〕。麴也。自關而西秦豳音斌。之間曰𪍿；晉之舊都曰𪌉；齊右河濟曰䴸，或曰麰；北鄙曰𪍠。麴，其通語也。

麰，大麥麴。𪍠，細餅麴〔三〕。䵄，有衣麴。小麥麴爲䴹，即䴷也。豳即邠。今江東人呼麴爲𪌉。〔一三·一五九〕

〔一〕餭，宋本作「鍠」。按，作「餭」是。

〔二〕音䑱，宋本作「䑱音」。

〔三〕細，宋本作「絪」。按，「細、絪」同。

八　餥、音非。飵，音昨。食也。陳楚之内相謁而食麥饘音旃。謂之餥，楚曰飵。凡陳楚之郊南楚之外相謁而飧〔一〕，或曰飵，或曰鲇。音黏。秦晉之際河陰之間曰𩜹惡恨切。皚。五恨切。此秦語也。

饘，糜也。晝飯爲飧。謁，請也。河陰，今馮翊郃陽河東龍門是其處也。今關西人呼食欲飽爲𩜹皚。〔一·三〇〕

釋宮第六

一　埕、音涅。墊，丁念切。下也。凡柱而下曰埕，屋而下曰墊。〔六·一五〕

二　屋相謂之欞。音鈴。

雀梠即屋檐也，亦呼爲連綿。〔一三·一六〇〕

三　甑謂之甗〔二〕。音霤。

即屋穩也〔三〕，今字作甍，音萌。〔一三·一六一〕

〔一〕飧，宋本作「飱」，下同。匯證（九四頁）：「方言本作『飧』，形近而譌作『飱』。宋本當據改。」

〔二〕甗，宋本同。按，據匯證（九九六頁），當作「甗」。

〔三〕穩，宋本作「㮂」。按，「穩、㮂」同。

釋器第七

一　翿、音濤。幢，傳江切〔一〕。翳也。楚曰翿，關西關東皆曰幢。儛者所以自蔽翳也。〔二·二九〕

二　鍑，音富。北燕朝鮮洌水之間或謂之錪，音腆。或謂之鉼。音餅。江淮陳楚之間謂之錡，音技。或謂之鏤。吳揚之間謂之鬲。音曆。

鍑，釜屬也。錡，或曰三脚釜也。〔五·一〕

三　釜，自關而西或謂之釜，或謂之鍑。

鍑亦釜之總名。〔五·二〕

四　甑，自關而東謂之甗，音言。或謂之鬵〔二〕，音岑。或謂之酢餾。屋霤。

鬵，梁州呼鉹。〔五·三〕

五　盂，音亏。宋楚魏之間或謂之盌。烏管切。盌謂之盂，或謂之銚謠語。鋭。盌謂之櫂，盂

〔一〕傳江，宋本作「徒江」。按，此條又見於卷二釋言第五四條。

〔二〕鬵，宋本作「鬻」。按，「鬻」爲「鬵」之譌字。

謂之柯。海岱東齊北燕之間或謂之盎。書卷。轉相釋者，廣異語也。〔五·四〕

六　𥁰、音雅。椷、封緘。盞、酒醆。温〔一〕、薄淹切。閜、呼雅切。𥂕、音章。𥃝，音摩。桮也。秦晉之郊謂之𥁰；自關而東趙魏之間曰椷，或曰盞，或曰温。其大者謂之閜，吳越之間曰𥂕，齊右平原以東或謂之𥃝。桮，其通語也。𥁰，所謂伯𥁰者也。盞，最小桮也。〔五·五〕

七　蠡，音麗。陳楚宋魏之間或謂之簞，或謂之櫼，音羲。或謂之瓢。蠡，瓠勺也。今江東通呼勺爲櫼。〔五·六〕

八　案，陳楚宋魏之間謂之樢，自關東西謂之案。〔五·七〕

九　桮落，陳楚宋衛之間謂之桮落，又謂之豆筥；自關東西謂之桮落。盛桮器籠也。〔五·八〕

一〇　箸筩，陳楚宋魏之間謂之筲，鞭鞘。或謂之籯；音盈〔二〕。自關而西謂之桶檧。桶，音籠冠。檧，蘇勇切，或作筩。

〔一〕温，宋本同。按，據匯證（三三九頁），當作「溫」。下同。
〔二〕宋本「盈」下有「也」字煞句。

箸筩，盛匕箸籫也[一]。漢書曰：「遺子黄金滿籯。」今俗亦通呼小籠爲桶𥫱。[五·九]

一一 瓬、音岡。瓭、都感切，亦音沈。甒、音舞。䍃、音由。𤮓、音鄭。甇、胙江切。甀、度腄切。瓮、瓿音部。甊、洛口切。𤬻，牛志切。甖。於庚切。靈桂之郊謂之瓬，其小者謂之瓭；周魏之間謂之甒；秦之舊都謂之𤮓；淮汝之間謂之䍃；江湘之間謂之甇。自關而西晉之舊都河汾之間，其大者謂之甀，其中者謂之瓿甊；自關而東趙魏之郊謂之瓮，或謂之甖；東齊海岱之間謂之𤬻。甖，其通語也。

今江東通名大瓮爲瓬[二]。亦呼甖爲甒子。汾水出太原，經絳北，西南入河。[五·一〇]

一二 罃，陳魏宋楚之間曰𦈭，音臾。或曰㼡；音殊。燕之東北朝鮮洌水之間謂之瓺；音暢，亦腸[三]。齊之東北海岱之間謂之儋；音擔，字或作甔。周洛韓鄭之間謂之甀，或謂之罃。罃謂之甎，鼓鼙。甗謂之甓。

儋，所謂家無儋石之餘也。[五·一一]

[一] 匕，宋本作「朼」。按，據匯證(三四七頁)「朼」不成字，當作「枇」。

[二] 宋本「亦呼」上有「今江東」三字。

[三] 腸，宋本作「膓」。按，正字通：「膓，俗腸字。」「腸、膓」同。

一三　缶謂之瓿甌，音偶。其小者謂之瓶。

瓿甌即盆也。〔五・一二〕

一四　罃甈郄闠切〔一〕。謂之盎。烏浪切。自關而西或謂之盆〔二〕，其小者謂之升甌。惡牟切，亦音憂。

案：爾雅：「甈，康壺。」而方言以爲盆，未詳也。〔五・一三〕

一五　甂，音邊。陳魏宋楚之間謂之題；杜啓切。自關而西謂之甂，其大者謂之甌〔三〕。□□□□□□□□□□□〔五・一四〕

一六　所以注斛，陳魏宋楚之間謂之篝，音巠覡〔四〕。自關而西謂之注箕，陳魏宋楚之間謂之籮。

今河北人呼小盆爲題子。注斛，盛米穀寫斛中者也。今江東亦呼爲篝。篝亦籮屬也，形小而高，無耳。〔五・一五〕

〔一〕郄，宋本作「郄」。按，「郄」字誤，「郄」即「郤」，參卷二釋言第三六條校注。

〔二〕宋本本句下有「或謂之盎」四字。

〔三〕宋本本句下無脱字。

〔四〕巠覡，宋本作「巠覡」。

一七　炊箕謂之縮，或謂之篗，音藪。或謂之匠〔一〕。音旋。

漉米箕也。江東呼淅籖〔二〕。〔五·一六〕

一八　篝，陳楚宋魏之間謂之墻居。

今薰籠也。〔五·一七〕

一九　扇，自關而東謂之箑，音篓。自關而西謂之扇。

今江東亦通名扇爲箑。〔五·一八〕

二〇　碓機，陳魏宋楚自關而東謂之梴。音延。磑或謂之碾。錯碓切。

碓機，碓稍也〔三〕。碾即磨也。〔五·一九〕

二一　繘，音橘。自關而東周洛韓魏之間謂之綆，或謂之絡。音洛。關西謂之繘綆。

汲水索也。〔五·二〇〕

二二　櫪，梁宋齊楚北燕之間或謂之樎，音縮。或謂之皁。

養馬器也。皁隷之名，於此乎出。〔五·二一〕

〔一〕 匠，宋本作「匼」。匯證(三六七頁)：「『匼』，廣雅釋器字作『匠』」。

〔二〕 淅，宋本作「浙」。按，「淅」爲「浙」之譌字。

〔三〕 稍，宋本作「梢」。

二二三　飲馬槖，自關而西謂之裺囊，音鶬。或謂之裺篼〔一〕，或謂之樓音樓。篼；燕齊之間謂之帪。廣雅作「振」，字音同〔二〕。〔五·二二二〕

二二四　鉤，宋楚陳魏之間謂之鹿觡，或謂之鉤格；自關而西謂之鉤，或謂之鑯。音微。鉤，懸物者。鹿觡，或呼鹿角。〔五·二二三〕

二二五　臿，燕之東北朝鮮洌水之間謂之斛；湯料切。宋魏之間謂之鏵，或謂之鍏；音韋。江淮南楚之間謂之臿；沅湘之間謂之畚；趙魏之間謂之喿；東齊謂之梩。音駭。斛，亦鍫聲轉也。喿，字亦作鍫也。江東又呼鍫刃爲鐅 普蔑切。〔五·二二四〕

二二六　杞〔三〕，宋魏之間謂之渠挐，諸豬切。或謂之渠疏〔四〕。杞，無齒爲朳。渠挐，今江東名亦然。渠疏，語轉也。〔五·二二五〕

二二七　僉，宋魏之間謂之攝殳，音殊。或謂之度，音量度〔五〕。自關而西謂之棓，蒲項切。或謂之

〔一〕篼，宋本同。按，「篼」即「篼」。
〔二〕宋本「字音同」下有「耳」字煞句。
〔三〕杞，宋本作「杝」，下同。按，據匯證（三八一頁），字當作「杷」，「杞、杝」均誤。
〔四〕疏，宋本作「䟽」。按，「䟽」爲「疏」之俗體。
〔五〕宋本「音量度」下有「也」字煞句。

柫〔一〕；音拂。齊楚江淮之間謂之柍，音悵怏，亦音車鞅〔二〕。或謂之桲。音勃。僉，今連架，所以打穀者。攝殳，亦杖名也。今江東呼打爲度。柍亦打之別名也〔三〕。〔五·二六〕

二八 刈鉤，江淮陳楚之間謂之鉊，音昭〔四〕。或謂之鐹；音果。自關而西或謂之鉤，或謂之鎌，或謂之鍥。音結。〔五·二七〕

二九 薄，宋魏陳楚江淮之間謂之苖，或謂之麴；自關而西謂之薄，南楚謂之蓬薄。苖、麴，此直語楚聲轉也。〔五·二八〕

三〇 橛，燕之東北朝鮮洌水之間謂之椴〔五〕。音段〔六〕。揭，杙也〔七〕。江東都呼〔八〕。〔五·二九〕

〔一〕 柫，宋本作「拂」。按，作「柫」是。

〔二〕 宋本「車鞅」上有「爲」字。

〔三〕 「柍亦」，宋本作「此皆」。

〔四〕 昭，宋本作「召」。據匯證（三八六—三八七頁），宋本「召」顯是「昭」字脱「日」而成，當改作「昭」。

〔五〕 椴，宋本作「椵」。按，作「椴」是。

〔六〕 段，宋本作「叚」。按，作「段」是。

〔七〕 杙，宋本作「杙」，當據正。

〔八〕 都呼，宋本作「呼都」。，當據正。

三一 槌，度畏切。宋魏陳楚江淮之間謂之植，音值。自關而西謂之槌，齊謂之样。音陽。其橫，關西曰撰，音朕。亦名校，音交。宋魏陳楚江淮之間謂之𢂁，音帶。齊部謂之持。丁謹切。胡以縣𢂁，關西謂之𢇁，力冉切。東齊海岱之間謂之繏，相主切。宋魏陳楚江淮之間謂之繯，擐甲。或謂之環。擐〔一〕。

槌，絲蠶薄柱也。〔五·三〇〕

三二 簟，宋魏之間謂之笙，或謂之籧苗；自關而西謂之簟，或謂之𥳑。其𪊨者謂之籧篨，自關而東或謂之籓掞。音剡。

今江東通言笙。𥳑，今云𥳑，篾篷也。江東呼籧篨爲𥶵，音廢。〔五·三一〕

三三 筕篖，自關而東周洛楚魏之間謂之倚佯，音羊。自關而西謂之筕篖，南楚之外謂之篖。

筕篖，似籧篨，直文而𪊨。江東呼笪〔二〕，音靼〔三〕。〔五·三二〕

〔一〕 擐，宋本作「檈」。按，周祖謨方言校箋疑此字爲衍文。

〔二〕 笪，宋本作「笪」。按，作「笪」是。

〔三〕 靼，宋本作「靼」。按，作「靼」是。

三四 牀，齊魯之間謂之簀[一]，音迮。陳楚之間或謂之笫。音滓，又音姊。其杠，北燕朝鮮之間謂之樹，自關而西秦晉之間謂之杠，南楚之間謂之趙，東齊海岱之間謂之樺。音化[二]。其上板，衛之北郊趙魏之間謂之牒，簡牒。或曰牑。履屬。

簀，牀版也。趙當作兆，聲之轉也。中國亦呼杠爲桃牀，皆通也。［五・三三］

三五 爼[三]，几也。西南蜀漢之郊曰杫。音賜。［五・三四］

三六 榻前几，江沔之間曰桯，音刑。趙魏之間謂之椸。音易。凡其高者謂之虡。音巨。

桯，今江東呼爲承。虡即筍簴也。［五・三五］

三七 籆，榬音爰。也。兖豫河濟之間謂之榬。

所以絡絲也。［五・三六］

三八 絡謂之格[四]。

所以轉籆給車也。［五・三六］

[一] 簀，宋本作「簀」。按，「簀、簀」同「簀」。

[二] 化，宋本作「先」。據匯證（四〇三頁），當作「音詵」。

[三] 爼，宋本作「爼」。按，「爼」爲「俎」之俗體。

[四] 宋本「絡謂之格」與上一條連寫爲一條，於理爲長。

三九　繀蘇對切。車，趙魏之間謂之轣轆車，東齊海岱之間謂之道軌[一]。［五·三七］

四〇　户鑰，自關而東陳楚之間謂之鍵[二]，巨蹇切。自關而西謂之鑰。［五·三八］

四一　簙謂之蔽，或謂之箘。音困。秦晉之間謂之簙；吴楚之間或謂之蔽，或謂之箭裏，或謂之簙毒，或謂之夗專，夗，於辯切。專，音轉。或謂之匴璇，銓旋兩音。或謂之棊。所以投簙謂之枰，評論。或謂之廣平。所以行棊謂之局，或謂之曲道。

簙著名箭裏[三]，廣雅云。匴璇或曰竹器，所以整頓簙者。［五·三九］

四二　圍棊謂之弈，自關而東齊魯之間皆謂之弈。［五·四〇］

四三　廝、披，散也。東齊聲散曰廝，器破曰披；秦晉聲變曰廝，器破而不殊其音亦謂之廝，器破而未離謂之璺；音問。南楚之間謂之敀。妨美切，一音把塞。［六·三四］

四四　箄、方氏切。簍、音縷。籅、音餘。筥，弓弢[四]。籧古筥字。也。江沔之間謂之籅，趙代之間謂之筥，淇衛之間謂之牛筐[五]。籧，其通語也。

〔一〕軓，宋本作「軌」。按，「軓、軌」同。

〔二〕而，宋本作「之」，下同。按，作「而」是。

〔三〕簙，宋本作「簙」。又宋本無「裏」。

〔四〕弢，宋本作「弢」。按，作「弢」是，「弢」乃形近之譌。

〔五〕牛，宋本字殘。匯證（九七四頁）作「井」。按，「牛」爲「井」之譌字。

淇，水名也。〔一三·一四六〕

四五　**篪小者，南楚謂之簍，自關而西秦晉之間謂之箄。**今江南亦名籠爲箄。〔一三·一四七〕

四六　**籠，南楚江沔之間謂之篣，**音彭。**或謂之笯。**那墓切〔一〕。今零陵人呼籠爲篣。亦呼籃。〔一三·一四八〕

四七　**簇，南楚謂之筲，趙魏之郊謂之去簇。**盛餅器也〔二〕，今建平人呼筲爲鞭鞘。去簇，今遍語也〔三〕。〔一三·一四九〕

四八　**錐謂之鍣。**廣雅作銘字。〔一三·一五〇〕

四九　**無升謂之刁斗。**謂小鈴也。刁，音貂，見漢書。〔一三·一五一〕

五〇　**匕謂之匙。**音祇〔四〕。〔一三·一五二〕

〔一〕那墓切，宋本作「音都墓」。據匯證（九七六頁），戴震方言疏證改作「音那墓反」。陳是，宋非。

〔二〕器，宋本作「筥」。

〔三〕遍語，宋本作「通語」。

〔四〕音祇，宋本漫漶不清。據匯證（九八一頁），字跡模糊之處當作「音祇」。

五一　盌謂之櫂，子殄切。河濟之間謂之盞𥂕。〔一三·一五三〕

五二　椀謂之盦。〔一三·一五四〕

五三　盌謂之銚音謠。鋭，木謂之涓抉。蠲玦二音。

椀亦盌屬，江東名盌爲凱，亦曰甌也。〔一三·一五五〕

輶軒使者絕代語釋別國方言類聚卷三終

輶軒使者絶代語釋別國方言類聚卷四

漢揚雄紀　晉郭璞解
明陳與郊類

釋兵第八

一　戟〔一〕，楚謂之孑〔二〕。凡戟而無刃秦晉之間謂之釨，或謂之鏔〔三〕；吴揚之間謂之戈。東齊秦晉之間謂其大者曰鏝泥鏝。胡，其曲者謂之鉤釨鏝胡。孑，取名於鉤釨也。鉤釨鏝胡，即今雞鳴，句孑戟也。〔九·一〕

二　三刃枝，南楚宛郢謂之匽音偃。戟。其柄自關而西謂之柲，音祕。或謂之殳。音殊。

〔一〕戟，宋本作「𢧢」，下同。按，「戟、𢧢」同。
〔二〕孑，宋本作「釨」，下同。按，諸明本及錢繹方言箋疏均作「孑」。「孑、釨」古通用。
〔三〕宋本「鏔」下有郭注：「音寅。」

今戟中有小孑刺者〔一〕，所謂雄戟也。郢，今江陵也〔二〕。［九·二］

三　矛，吴揚江淮南楚五湖之間謂之鍦，嘗蛇切。或謂之鋋，音蟬。或謂之鏦。錯江切。其柄謂之鈐〔三〕。今字作槿〔四〕，巨巾切。五湖，今吴興太湖也。先儒多亦有未能詳者〔五〕。漢書曰：「鏦殺吴王。」［九·三］

四　箭，自關而東謂之矢，江淮之間謂之鍭，音侯。關西曰箭。箭者竹名，因以爲號。［九·四］

五　鑽謂之鍴。音端。［九·五］

六　矜謂之杖。矛戟槿，即杖也。［九·六］

七　劒削，自河而北燕趙之間謂之室〔六〕；自關而東或謂之廓，或謂之削；自關而西謂之

〔一〕刺，宋本作墨釘。
〔二〕宋本「今江陵也」下有「余正反」三字。
〔三〕鈐，宋本作「矜」。按，錢繹方言箋疏：「是矜爲矛柄也，故字從『矛』。」
〔四〕槿，宋本作「穫」，下同。
〔五〕先儒多亦有未能詳者，宋本作「先儒處之多亦不了，所未能詳者」。
〔六〕室，宋本作「室」。按，作「室」是。

鞞〔一〕。方婢切。［九·七］

八　盾，自關而東或謂之瞂，音伐。或謂之干；關西謂之盾。干者，扞也。［九·八］

九　凡箭鏃胡合嬴者，四鐮或曰拘腸，三鐮者謂之羊頭，其廣長而薄鐮謂之鍕，普蹄切。或謂之鈀。音葩。胡鏑在於喉下。嬴，邊也。鐮，廣稜也。［九·二一］

一〇　箭，其小而長中穿二孔者謂之鉀鑪，嗑嚧二音。其三鐮長尺六者謂之飛虻，凸者謂之平題〔二〕。所以藏箭弩謂之箙。弓謂之鞬，鞬牛。或謂之皾。牛犢。鉀鑪，今箭鍕鑿空兩邊者也。飛虻，謂今射箭也。平題，今戲射箭。頭，題，猶羊頭也。箙，盛弩箭器也。外傳曰：「檿弧箕箙。」［九·二二］

一一　凡矛骹細如鴈脛者謂之鶴厀。有小枝刃者謂之鉤釨〔三〕。鶴厀，今江東呼爲鈴釘。［九·二三—二四］

〔一〕鞞，宋本作「𩎟」。按，「鞞、𩎟」同。

〔二〕凸，宋本作「凡」。按，「凸」即「厶」，三隅矛也。

〔三〕宋本「有小枝刃者」以下另爲一條。

一二　矛或謂之釨。[九·二五]

一三　鍦音聃。謂之鈹。音彼。今江東呼大矛爲鈹。[九·二六]

一四　骹謂之銎。音凶。即矛刃下口。[九·二七]

一五　鐏謂之釬。音扞。或名爲鐓，音頓。[九·二八]

釋車第九

一　車下鐵，陳宋淮楚之間謂之畢。未詳。[九·九]

二　大車謂之綦。音忌。鹿車也。[九·一〇]

三　車轊，干厲切。齊謂之轆。車軸頭也。轆又名轅。[九·一一]

四　車枸簍，音縷。宋魏陳楚之間謂之篌，音巾幗[一]。或謂之䈪籠。穹隆二音。其上約謂之箹，音瓜瓝。或謂之䈳。音脉。秦晉之間自關而西謂之枸簍；西隴謂之㮥；即畚字，薄晚切。南楚之外謂之篷，或謂之隆屈。尾屈。

枸簍，即車弓也。今呼車子弓爲篌。箹，即畚帶也。今亦通呼篷。［九・一二］

五　輪，韓楚之間謂之軑，音大。或謂之軝；音祇。關西謂之𨍭。音揔。

車輅也。詩曰：「約軝錯衡。」［九・一三］

六　輑牛忿切。謂之軸。［九・一四］

七　轅，楚衛之間謂之輈。張由切。［九・一五］

八　軫謂之枕。

車後横木。［九・一七］

九　箱謂之輫。音俳。［九・一六］

一〇　車紂，自關而東周洛韓鄭汝潁而東謂之緧，音秋。或謂之曲綯，或謂之曲綸。音倫。自關而西謂之紂。

［一］幗，宋本作「𠐣」。按，「𠐣」乃「幗」之誤，戴震方言疏證亦作「幗」。

絇亦繩名，詩曰：「宵爾索綯。」〔二〕今江東通呼索綸。〔九·一八〕

一一　輨、音管。軑，音大。錬音東。鍏。度果切。關之東西曰輨，南楚曰軑，趙魏之間曰錬鍏。〔九·一九〕

一二　車釭，齊燕海岱之間謂之鍋，音戈。或謂之錕；衮衣。自關而西謂之釭，盛膏者乃謂之鍋。〔九·二〇〕

釋舟第十

一　舟，自關而西謂之船；自關而東或謂之舟，或謂之航。行伍。南楚江湘凡船大者謂之舸，姑可切。小舸謂之艖，音叉〔三〕。艖謂之艒艏，目宿二音。小艒艏謂之艇，艇長而薄者謂之䑶，衣帶。短而深者謂之䑧，音步。小而深者謂之樑。音卬竹。東南丹陽會稽之間謂艖爲欚。音禮。泭謂之䈬，音敷。䈬謂之筏。音伐。筏，秦晉之通語也。江淮家居䈬中謂之

〔二〕　爾，宋本作「尔」。按，「爾、尔」同。
〔三〕　叉，宋本作「乂」。按，作「叉」是。

⿱竹廌〔一〕。音箭〔二〕。**方舟謂之潢，**音橫。**艁舟謂之浮梁。楫謂之橈，**如寮切。**或謂之櫂。所以隱櫂謂之⿱竹槳。**音槳〔三〕。**所以縣櫂謂之緝。所以刺船謂之槁。**音高。**維之謂之鼎。首謂之閤閭，或謂之艗**音亦〔四〕。**艏。後曰舳，**音軸。**舳，制水也。僞**音訛。**謂之仡，**吾敎切。**仡，不安也。**

今江東呼艖，小底者也。艇，艒也。艀，江東呼艖艀者〔五〕。槳，即長舼也。揚州人呼渡津航爲抗，荆州人呼樹。浮梁，即今浮橋。今云櫂歌，依此名也。⿱竹槳，搖樐小橛也，江東又名爲胡人。緝，繫櫂頭索也。繫船爲維〔六〕。今江東呼船頭屋謂之飛閭是也〔七〕。鷁，鳥名也。今江東貴人船前作青雀〔八〕，是其像也。江東人呼柂爲舳〔九〕。僞，

〔一〕⿱竹廌，宋本作「薦」。按，「⿱竹廌、薦」音同義近。
〔二〕箭，宋本作「符」。按，戴震方言疏證改作「荐」，盧文弨重校方言從曹毅之本作「箭」。
〔三〕槳，宋本作「獎」。
〔四〕亦，宋本作「六」。按，作「亦」是。
〔五〕宋本「江東」上有「今」字。
〔六〕繫，宋本作「係」。
〔七〕謂，宋本作「爲」。按，作「謂」是。
〔八〕雀，宋本作「崔」。按，作「雀」是。
〔九〕宋本「江東」上有「今」字，又「柂」作「拖」。按，作「柂」是。

船動搖之貌也。〔九·二九〕

釋水第十一

一　水中可居爲洲，三輔謂之淤，音血瘀。蜀漢謂之嫛。手臂。上林賦曰：「行乎州淤之浦。」〔二〕〔一二·一〇八〕

二　氾〔三〕、音汎。浼、音漫。潣、湯潣。洼，烏瓜切〔四〕。洿也。自關而東或曰洼，或曰氾。東齊海岱之間或曰浼，或曰潣。皆洿池也。潣，荆州呼潢也。〔三·二五〕

釋土第十二

一　墳，地大也。青幽之間凡土而高且大者謂之墳。張小使大謂之廓，陳楚之間謂之

〔二〕宋本「浦」下多一「也」字煞句。
〔三〕氾，宋本作「汜」，下同。按，「氾、汜」同。
〔四〕烏瓜切，宋本作「烏蛙反」。

模〔一〕。音莫。

墳，即大陵也。〔一·二四〕

二　冢，秦晉之間謂之墳，或謂之培，音部。或謂之堬，音臾。或謂之采，或謂之埌，波浪。或謂之壠。自關而東謂之丠，小者謂之塿，洛口切。大者謂之丠，凡葬而無墳謂之墓，所以墓謂之墲。

墳，取名於大防也。古者卿大夫有采地，死葬之，因名采也〔二〕。有界埒似耕壟，因名之。培塿，亦堆高之貌。丠，又呼冢爲墳也。墓，言不封也〔三〕。墲，謂規度墓地也。漢書曰：「初陵之墲。」是也。〔一三·一六二〕

釋草第十三

一　蘇、芥，草也。江淮南楚之間曰蘇，自關而西或曰草，或曰芥，南楚江湘之間謂之

〔一〕模，宋本作「摸」。按，作「模」是。
〔二〕宋本「因名」下無「采」字。
〔三〕宋本「言不封也」下有「墓猶慕也」四字。

莽〔一〕。嫫母。蘇亦荏也。關之東西或謂之蘇，或謂之荏。周鄭之間謂之公蕡。音翡翠。沅湘之南或謂之䔡。音車轄。其小者謂之蘸葇。

漢書曰：「樵蘇而爨。」〔二〕蘇猶蘆，語轉也。芥，或言菜也。蘇，荏屬也。爾雅曰：「蘇，桂荏也。」今江東人呼荏爲菩，音魚。長沙人呼野蘇爲䔡〔三〕。沅，水名，在武陵。蘸葇，堇葇也，亦蘇之種類，因名云。●芥似云「草芥」之「芥」，註謂「或言菜」者未安〔四〕。［三·八］

二　蘴、蕘，鈐鐃。蕪菁也。陳楚之郊謂之蘴；魯齊之郊謂之蕘；關之東西謂之蕪菁；趙魏之郊謂之大芥，其小者謂之辛芥，或謂之幽芥，其紫華者謂之蘆菔。羅匐二音。東魯謂之菈遝。洛荅、大合二切。

蘴，舊音蜂，今江東音嵩，字作菘也。蘆菔，江東名爲温菘〔五〕，實如小豆。［三·九］

〔一〕莽，宋本作「芥」。按，匯證（一九〇頁）認爲「芥」下有「莽」字，當補。

〔二〕爨，宋本作「爂」。按，「爨、爂」同。

〔三〕宋本「長沙」上有「今」字。

〔四〕按，論稿（二七頁）：「宋本亦作『菜』。陳校提出了正確的問題，拿出答案的是王念孫，王氏校改爲『苿』。『菜』『苿』形近而譌。」

〔五〕宋本「江東」上有「今」字。

三　葰〔一〕、芡，音儉。雞頭也。北燕謂之葰，青徐淮泗之間謂之芡。南楚江湘之間謂之雞頭，或謂之鴈頭，或謂之烏頭。

今江東亦名葰耳〔二〕。狀似烏頭，故傳以名之。〔三·一〇〕

四　荄、音陔。杜，根也。東齊曰杜，或曰茇。音⿰扌⿱癶矢〔三〕。

今俗名韭根爲荄。詩曰：「徹彼桑杜。」是也。〔三·一九〕

五　茻、凶位切。莽，嫫母切。草也。東越揚州之間曰茻，南楚曰莽。〔一〇·三八〕

六　凡草木刺人，北燕朝鮮之間謂之策〔四〕，或謂之壯。自關而東或謂之梗，或謂之劌。自關而西謂之刺。江湘之間謂之棘。巳力切。

爾雅曰：「策，刺也。」今淮南人亦呼壯。壯，傷也。山海經謂刺爲傷也。梗，今云梗榆。劌者，傷割人名，音劌魚也〔五〕。楚詞曰：「曾枝剡棘。」〔六〕亦通語耳。〔三·一一〕

〔一〕葰，宋本作「⿱艹⿰彳夋」，下同。按，作「葰」是，戴震方言疏證亦作「葰」。

〔二〕名，宋本作「呼」。

〔三〕⿰扌⿱癶矢，宋本作「撥」。按，「⿰扌⿱癶矢、撥」同。

〔四〕策，宋本作「茦」，下同。按，當作「茦」。

〔五〕劌，宋本作「鱥」。周祖謨方言校箋：「劌、鱥一字，見集韻。」

〔六〕棘，宋本作「棘」。按，作「棘」是。

釋獸第十四

一　虎，陳魏宋楚之間或謂之李父；江淮南楚之間謂之李耳，或謂之於䖘；於，音烏。䖘，音狗竇。自關東西或謂之伯都。虎食物值耳即止，以觸其諱故。今江南山夷呼虎為䖘。俗曰伯都事詳虎説[一]。〔八·一〕

二　貔，音毗。陳楚江淮之間謂之𧳏，音來。北燕朝鮮之間謂之豾，音丕。關西謂之狸。貔，狸別名也。今江南呼為豾狸。狸，通名耳[二]。貔[三]，未聞語所出。〔八·二〕

三　貛，音歡。關西謂之貒。波湍。豚也。〔八·三〕

四　豬，北燕朝鮮之間謂之豭；關東西或謂之彘，或謂之豕；南楚謂之豨。其子或謂之豚，或謂之貕，音奚。吳揚之間謂之豬子。其檻及蓐曰橧。音繒。猶云豭斗也。爾雅曰：「所寢，橧。」〔八·五〕

〔一〕詳，宋本作「抑」。匯證據戴震方言疏證等説認為「抑」當為「神」。

〔二〕宋本「通名」上有「此」字。

〔三〕貔，宋本作「貔」。按，「貔、貔」同。

釋鳥第十五

一　雞，陳楚宋魏之間謂之鸊鴟；避祗二音。桂林之中謂之割雞，或曰䳆。音從。北燕朝鮮洌水之間謂伏雞曰抱。房奧切。爵子及雞雛皆謂之鷇〔一〕。恪遘切。其卵伏而未孚始化謂之涅。

抱，江東呼蓲，央富切。關西曰鷇，音確〔二〕。〔八·四〕

二　布穀，自關東西梁楚之間謂之結誥，周魏之間謂之擊穀，自關而西或謂之布穀。

今江東呼爲穫穀。〔八·六〕

三　鶡鴠，侃旦二音。周魏齊宋楚之間謂之定甲，或謂之獨春；自關而東謂之城旦，或謂之倒懸，或謂之鴠鴠；自關而西秦隴之内謂之鶡鴠。

鶡鴠，鳥似雞，五色，冬無毛，赤倮〔三〕，晝夜鳴。獨春，好自低仰〔四〕。城旦，言其辛苦有似於罪禍者。倒懸，好自懸於樹也。〔八·七〕

〔一〕鷇，宋本作「㲉」。按，「鷇、㲉」同。下文作「鷇」，亦同。

〔二〕確，宋本作「顧」。

〔三〕赤，宋本作「亦」。按，戴震方言疏證亦作「赤」。

〔四〕好，宋本作「奸」。按，作「好」是。

四　鳩，自關而東周鄭之郊，韓魏之都謂之鵖郎〔一〕。●作鵖非，鵖，彼及切。鶤，音皐。其鴓鳩謂之鸊鶤；自關而西秦漢之間謂之鵴菊花。鳩。其大者謂之鳻音班。鳩，其小者謂之鴒鳩，或謂鷄音葵。鳩，或謂之鴉音浮。鳩，或謂之鶻鳩；梁宋之間謂之鷦鳸。鴒鳩，今荆鳩也。〔八·八〕

五　尸鳩，燕之東北朝鮮洌水之間謂之鶝⿰禾鳥〔二〕。福下不尤〔三〕。自關而東謂之戴鵀。東齊海岱之間謂之戴南，南猶鵀也；或謂之鷔鷱；或謂之戴鳻；或謂之戴勝。東齊吴揚之間謂之鵀。自關而西謂之服鶝，或謂之鵖鶝。燕之東北朝鮮洌水之間謂之鶪。音或。尸鳩，按爾雅即布穀，非戴勝也。或云鸇，皆失之也。南、鵀，亦語楚聲轉也〔四〕。爾雅説，戴鵀下鷔鷱自別一鳥名，方言似依此義，又失也。勝所以纏紝。〔八·九〕

六　鴈，自關而東謂之鴚音加。鵝；南楚之外謂之鵝，或謂之鶬鴚。

〔一〕「郎」上脱「音」字。
〔二〕⿰禾鳥，宋本作「鴀」。按，作「鴀」是。
〔三〕福下不尤，宋本作「福丕兩音」。
〔四〕宋本「亦」上有「此」字。

今江東通呼爲駉。〔八·一一〕

七　桑飛，自關而東謂之工爵，或謂之過鸁，音螺。或謂之女鴎。自關而東謂之鸋鴂；甯玦二音。自關而西謂之桑飛，或謂之懱爵。桑飛，即鷦鷯也，又名鷦鸎。今亦名爲巧婦，江東呼布母。按爾雅云：「鸋鴂，鴟鴞。」鴟屬，非此小雀明矣。懱爵，言懱截也。〔八·一二〕

八　鸝黃，自關而東謂之創鶊；自關而西謂之鸝黃，或謂之黃鳥，或謂之楚雀。又名商庚。其色黧黑而黃，因名之。〔八·一三〕

九　野鳧，其小而好没水中者，南楚之外謂之鷿鷉，上音指擘，下他奚切〔一〕。大者謂之鶻蹏。滑蹄二音。〔八·一四〕

一〇　雞雛，徐魯之間謂之秋子幽切。侯子。徐，今下邳僮縣東南大徐城是也。〔八·一七〕

釋蟲第十六

一　未陞天龍謂之蟠龍。〔一二·一一四〕

〔一〕本條郭注，宋本作「鷿，音指辟；鷉，音他奚反」。按，劉台拱方言補校：「指辟當作指擘。」

二　**坻**[一]、水泜。**坥**[二]，癰疽。**塲**音傷。**也。梁宋之間蚍蜉䵎鼠之塲謂之坻。螾**音引。**塲謂之坥。**
䵎鼠，蚡鼠也。螾，蟥蟮也[三]；其糞名坥。●「塲也」之「塲」，字一作「䳛」，浮壤也。［六·三〇］

三　**蝙蝠，**邊福二音。**自關而東謂之服翼，或謂之飛鼠，或謂之老鼠，或謂之僊鼠；自關而西秦隴之間謂之蝙蝠；北燕謂之蟙蟔。**職墨二音[四]。［八·一〇］

四　**守宮，秦晉西夏謂之守宮，或謂之蠦𧓍**[五]，盧纏二音。**或謂之蜤易，其在澤中者謂之易蜴。**音析。**南楚謂之蛇醫，或謂之蠑螈。**榮元二音。**東齊海岱謂之螔蟱。**斯侯二音。**北燕謂之祝蜓。**音延。**桂林之中守宮大者而能鳴謂之蛤解。**
蜤易，南陽人又呼蝘蜓。螔蟱，似蜤易大而有鱗[六]，今所在通言蛇醫耳。蛤解，似蛇

［一］坻，宋本同。按，下文第一七條「其塲謂之坻」，宋本作「坁」，是也。本條「坻」亦當改作「坁」。説詳匯證（四五六—四五七頁）。又郭注「泜」當作「汦」。
［二］坥，宋本作「坦」，下同。按，「坥、坦」同。
［三］蟥，宋本作「蛐」，當據改。
［四］職墨二音，宋本作「軄墨兩音」。按，作「職」是，戴震方言疏證、盧文弨重校方言均作「職」。
［五］𧓍，宋本作「蟺」。按，「𧓍、蟺」同。
［六］蜤，宋本作「蜥」。按，「蜤、蜥」同。

醫而短，身有鱗采，江東人呼爲蛤蚖，音頭頷。汝潁人直名爲蛤鷄音解誤聲也[一]。●案：蜓，去聲。［八·一五］

五　宛野謂鼠爲䶂。音錐。

宛、新野，今皆在南陽。［八·一六］

六　蛥音折。蚗，弓列切，一音玦。齊謂之螇螰；奚鹿二音。楚謂之蟪蛄，或謂之蛉音零。蛄；秦謂之蛥蚗；自關而東謂之虭蟧，貂料二音。或謂之蝭音帝。蟧，或謂之蜓蚞，廷木二音。西楚與秦通名也。

莊子曰：「蟪蛄不知春秋也。」江東人呼蟂蟧。［一一·二］

七　蟬，楚謂之蜩，音調。宋衛之間謂之螗蜩，陳鄭之間謂之蜋音良。蜩，秦晉之間謂之蟬，海岱之間謂之蛴。音技[二]。其大者謂之蟧，或謂之蝒馬；其小者謂之麥蚻，有文者謂之蜻蜻，其雌蜻謂之疋[三]，祖一切。大而黑者謂之䗻，音棧。黑而赤者謂之蜺。雲霓。蜩

[一] 鷄，宋本作「鸝」。又「汝潁人直名爲蛤鷄音解誤聲也」，匯證（五七八頁）據各家所説以爲當作「汝潁人直名爲蛤，鷄音懈，誤聲也」。

[二] 技，宋本作「技」。按，「技、技」同。

[三] 雌，宋本作「嶋」。按，「雌、嶋」同。

蟧謂之蓋蜩。蠅音應。謂之寒蜩，寒蜩，瘖蜩也。螗蜩，今胡蟬也，似蟬而小，鳴聲清亮，江南呼螗蛦。齊人呼爲巨蟜。按爾雅云「蝒者馬蜩」〔一〕，非別名蝒馬也，此方言誤耳。麥蚻，如蟬而小，青色。今關西呼麥蠽〔二〕，音癰癥之癥。蜻，即蚻也，爾雅云〔三〕。蠽蓋蜩〔四〕，江東呼爲蓋蠽也，爾雅以蜺爲寒蜩〔五〕，月令亦曰「寒蜩鳴」，知寒蜩非瘖者也。此諸蟬名，通出爾雅而多駁雜，未可詳據也。寒蜩，螿也，似小蟬而色青。［一一·二］

八　蛄詣謂之杜蛒。音格。螻螲室塞〔六〕。謂之螻蛄，或謂之蟓蛉。象零二音〔七〕。南楚謂之杜狗，或謂之蛞螻。［一一·三］

九　蜻蛚，精列二音。楚謂之蟋蟀，或謂之蛬；南楚之間謂之蚟孫。●案：蛬，一作蛩，與蚕

〔一〕蝒者馬蜩，宋本作「蝒馬者蜩」。
〔二〕蠽，宋本作「蠘」。按，「蠽、蠘」同。
〔三〕宋本「云」下有「耳」字。
〔四〕蠽，衍文。
〔五〕宋本「爾雅」上有「按」字。
〔六〕室塞，宋本作「音室塞」。按，作「室塞」是，戴震方言疏證亦作「室塞」。
〔七〕零，宋本作「鈴」。

蟲之蚕不同。今嘉禾謂趨織曰蛾足，不謂蟬。蜻蛚，即趨織也。梁園呼蛬，音鞏。孫一作絲。〔一一·四〕

一〇 **螳蜋謂之髦，或謂之虰，或謂之蛘蛘。蛄蠪謂之强蛘**〔一〕。

螳蜋，有斧蟲也。江東呼爲石蜋，又名齕肱〔二〕。按爾雅云：「螳蜋、蝆。」「虰」義自應下屬〔三〕，方言依此説，失其指也。蛘，米中小黑甲蟲也〔四〕。江東名之蛪〔五〕。建平人呼芊子〔六〕，芊即蛘也〔七〕。●今吴會通曰芊子。「芊」从艹从二，若芈姓从艹从干。故書「即蛘」作「即姓」者，譌。〔一一·五—六〕

一一 **蟒**，莫鯁切。**宋魏之間謂之蚮**，音貸。**南楚之外謂之蟅蟒**，蟅音近詐，亦呼蚱蜢。**或謂之蟒，或謂之䗈。**音滕〔八〕。

〔一〕宋本「蛄蠪」以下另爲一條。

〔二〕肱，宋本作「肬」。按，廣雅釋蟲作「肬」。

〔三〕虰，宋本作「犱」。按，作「虰」是。

〔四〕蟲，宋本作「虫」。按，「蟲、虫」同。以下不再出校。

〔五〕宋本「蛪」下有「音加」二字。

〔六〕宋本「芊」下有「音芊」二字。

〔七〕蛘，宋本作「姓」。

〔八〕滕，宋本作「滕」。

蟒即蝗也。● 蟒、螟音義似同。［一一·七］

一二　蜻蛉音靈。謂之蝍蛉。

六足四翼蟲也。江東名爲狐黎，淮南人呼蠊蛜，蠊，音康；蛜，音伊。［一一·八］

一三　春黍謂之螢音蘩。蝑。壞沮切。

又名蚣螢，江東呼虴蛨。［一一·九］

一四　蠀蝛即踧二音。謂之蚇蠖。烏郭切。

又呼步屈。［一一·一〇］

一五　蠭，燕趙之間謂之蠓螉。蒙翁二音。其小者謂之蠮音鰎噎。螉，或謂之蚴蜕，幽悦二音。

其大而蜜謂之壺蠭〔一〕。

蠮螉，小細腰蠭也。壺蠭，今黑蠭穿竹木作孔亦有蜜者，或呼笛師。［一一·一一］

一六　蠅〔二〕，東齊謂之羊，陳楚之間謂之蠅，自關而西秦晉之間謂之蠅。

謂蠅爲羊，此亦語轉耳。今江東人呼羊聲如蠅，凡此之類皆不宜別立名也。

〔一〕　蠭，宋本作「蠭」。按，「蠭、蠭」同。

〔二〕　蠅，宋本作「蠅」，下同。按，「蠅、蠅」同。

〔一一·一二〕

一七 蚍蜉，毗浮二音。齊魯之間謂之蚼蟓，駒養二音。西南梁益之間謂之玄蚼，燕謂之蛾蛘，蟻養二音。其場謂之坻〔一〕，直尸切。或謂之垤。

蚍蜉，亦呼螫蜉。法言曰：「玄駒之步。」是也〔二〕。建平人呼蚳〔三〕，音侈。蛭亦言象也〔四〕。〔一一·一三〕

一八 蠀螬謂之蟦。音翡翠〔五〕。自關而東謂之蝤蠀，猶餈二音。或謂之䖭書卷。蠾，或謂之蝖螜，喧斛二音。梁益之間謂之蛒，胡格〔六〕。或謂之蝎，或謂之蛭音質。蛒；秦晉之間謂之蠹，或謂之天螻。四方異語而通者也。

蝖螜，亦呼當齊，或呼地蝵〔七〕，或呼蟦蝖。按：爾雅云：「螜，天螻。」謂螻蛄耳，而方言以爲蝎，未詳其義也。● 蝵疑作蠶。〔一一·一四〕

〔一〕 坻，宋本作「坁」，當據改，參見釋蟲第二條。
〔二〕 宋本「是」下無「也」字。
〔三〕 蚳，宋本作「蚔」。
〔四〕 象，宋本作「冢」。按，當據宋本改，「冢」同「塚」。
〔五〕 音翡翠，宋本作「翡翠反」。按，戴震方言疏證、周祖謨方言校箋均删「反」字。
〔六〕 胡格，宋本作「音格」。
〔七〕 地蝵，宋本作「蚍蛰」。按，戴震方言疏證據廣雅作「地蠶」，是也。

一九　**蚰𧍪**[一]，由延二音。**自關而東謂之螾**音引。**𧍪，或謂之入耳，或謂之蝊𧓉；**音麗。**趙魏之間或謂之蚨虷。**扶于二音。**北燕謂之蚎蚭。**蚎，奴六切；蚭，音尼。

蚎蚭，江東又呼蛩，音鞏。［一一·一一五］

二〇　**鼅鼄，**知株二音。**鼄蝥**音無。**也。自關而西秦晉之間謂之鼄蝥；自關而東趙魏之郊謂之鼅鼄，或謂之蠾蝓。**燭臾二音。**蠾蝓者，侏儒語之轉也。北燕朝鮮洌水之間謂之蝳蜍。**毒餘二音[二]。

鼄蝥，今江東呼蝃蝥，蝃音掇。齊人又呼社公，亦言周公。［一一·一一六］

二一　**蜉蝣，**浮由二音。**秦晉之間謂之蟝螶。**

蟝螶似天牛而小，有甲角，出糞土中，朝生夕死。［一一·一一七］

二二　**馬蚿，**音弦。**北燕謂之蛆蟝。**沮渠[三]。**其大者謂之馬蚰。**音逐。

馬蚰，今關西云。［一一·一一八］

輶軒使者絕代語釋別國方言類聚卷四終

[一] 𧍪，宋本作「蜒」。按，「𧍪、蜒」同。
[二] 毒餘二音，宋本作「音毒餘」。
[三] 沮渠，宋本作「蝍蛆」。

方言類聚提要〔一〕

方言類聚四卷 浙江巡撫採進本

明陳與郊撰。與郊有檀弓集註，已著録。是編取揚雄原本，依爾雅篇目分爲釋詁、釋言等十六門，别爲編次，使以類相聚。如原本第三卷「氓，民也」至「棖，隨也」數語，移入卷首爲釋詁，其原本卷首「黨，曉也」兩節則列爲釋言，反載於「敦、豐、厖、夰」一節之後。郭璞原注則總附每節後，低一格以别之。間有雙行夾注，爲與郊所考訂者，僅略及音切字畫之異同而已。

〔一〕 底本原無題，今添加。

揚雄方言零札伍種

前言

揚雄方言郭注本，明、清以來有不少整理成果。就這些成果的形式而言，可分爲全本校注和條校條釋兩種，後一種主要有劉台拱、王秉恩、孫詒讓、王國維、吴承仕、吴予天等諸家。

條校條釋成果雖然零碎，但並不缺乏價值，一些條目的考訂甚至很值得重視。無論是從利用這些成果來看，還是從揚雄方言研究歷史來看，都有必要對這些成果加以集成整理。即使單純從揚雄方言研究來看，這些零札也很有參考價值：零札對傳本方言及郭注中一些譌舛的勘正意見值得吸收；有些古音古義的探求能够做到左右采獲，取精用弘，直溯語源，觀其會通，至今仍有啟發意義。

這些條校條釋成果大多散見於有關專書，單獨結集出版的很少；長期以來亦未得到集中整理，利用這些成果極爲不便；傳世印本囿於早期條件，排印模糊、字形訛誤等問題多所不免，使用時甚至還須進行核訂鑒别。有鑒於此，課題組決定利用這次系統整理古代方言學文獻資料的機會，把揚雄方言條校條釋的資料也集中整理出版。考慮到古代方言文獻叢刊已將劉台拱方言補校附在盧文弨重校方言一書之中了，所以本書選取孫詒讓札迻方言校記、王秉恩宋本方言校勘記、王國維書方言郭璞注後、吴承仕經籍舊音辨證方言郭注辨證、吴予天方言注商附補遺五種零札，彙編整理。現將這幾種材料簡要介紹如左：

第一種，孫詒讓札迻方言校記。札迻是校勘、訓詁名著，内容遍及四部，其中收録有方言及郭注校記共九條，含針對方言及郭注本文的校勘七條，揚雄答劉歆書中史料考證一條，佚文輯録一條。其校勘不乏精彩按斷，如針對卷九「凡箭鏃胡合嬴者，四鐮或曰拘腸，三鐮者謂之羊頭，其廣長而薄鐮謂之錍，或謂之鈀」條，孫氏詳釋了漢時矢鏃的形制，華學誠評價該條「至詳、至確，足以補充前此諸儒解方言之疏闊」。也有些内容疏於對同期同類研究的詳細考察，據華氏研究，其中五條確不可移，另四條則存在可議之處。

第二種，王秉恩宋本方言校勘記。王氏意識到戴震方言疏證和盧文弨重校方言兩種方言整理本均没有利用到真正意義上的宋本方言，因之，乃據現存最早的南宋慶元六年潯陽郡齋方言刻本以校戴、盧二本，重點在於録其同異，以補部分戴、盧所未及。書中不時可見王氏一些不蹈成見的觀點議論，雖精審不够，但可資參考。如卷十：「咈、曬，乾物也。」郭璞注：「音非。」戴、盧二本皆從曹毅之本改「音非」作「音費」。王氏則從壞字角度提出新見，認爲「非」字上半缺，疑本作「靡」字。後來能够看到的福山王氏天壤閣刊影宋本、日本靜嘉堂文庫藏影宋抄本均作「霏」，這證明原本既不是「費」，也不是「靡」，但王氏解決問題的方向是正確的，「非」確實是上部殘缺「雨」而訛。

第三種，王國維書方言郭璞注後。共包含三篇，前兩篇旨在對郭注體例進行闡發，第三篇則表達了作者對方言一書整理與研究的見解。王國維揭示了郭氏依據當代語言從發展變化和對比研究的角度進行注釋的科學方法；廓清了郭注「音」與「注」的體例原貌，一掃時迷；闡發了郭注「廣地、廣言」二例，肯定了郭璞進步的語言學思想。他指出「景純注方言，全以晉時方言爲本。晉時方言，較子雲時固已有變遷，故注中往往廣子雲之説」，「雖注而不域於注體焉」。高度評價郭注注音、釋義「全以晉時方言爲根據」，因而「讀子雲書可知漢時方言，讀景純注並可知晉時方言」。張伯松謂方言爲『縣之日月不刊之書』，景純之注亦略近之矣」。王國維提供了十六條具體校勘意見，這些意見針對前賢觀點進行辨證，主要涉及戴震、盧文弨、劉台拱、段玉裁等諸家。客觀來説，這些具體校勘意見並不是條條精審，但它向後人昭示了其對方言研究史上優良傳統的繼承和具有語言發展觀的科學方法，殊顯寶貴。

第四種，吴承仕經籍舊音辨證方言郭注辨證。吴氏經籍舊音辨證是針對經典中疑難反切加以疏通整理的著作，共涉及方言郭注中的音切二十八條。既有文字或音切訛誤問題，也有音理根據問題，亦有語音流變問題，所涉視角豐富，許多意見頗具參考意義。如卷十二：「嗳，哀也。」郭璞注：「嗳，哀而恚也。音段。」戴本作「段」，盧文弨謂曹毅之本作「音喚，似誤」，錢繹定作「音段」。而吴承仕認爲：「『嗳、段』韻近而聲類絶遠，字書、韻書亦無此音。方言音『段』，曹憲引作『叚』者，字並應作『毁』，傳寫譌作『段』耳。『嗳』屬寒韻，對轉脂，則有『毁』音，類篇：『嗳，許元切，方言「恚也」。又虎猥切，哀也。』集韻説同。篇、韻『虎猥』一切即擬『毁』音，是其切證。戴、王以爲音『段』，亦千慮之失也。」但有些複雜問題，在作者當時所處年代還很難得到完全科學的解釋，因而可商榷的地方同樣不少。黄侃專門對吴氏此書做過箋批，即後來被集録成文的經籍舊音辨證箋識，很能説明問題。

第五種，吴予天方言注商附補遺。吴著依照方言十三卷之次序，考釋一百零六條，間引戴震、錢繹、劉台拱諸家之説，並多據孫詒讓、洪頤煊、朱駿聲之言以折中，進行訓釋參證，包括訂正訛文、推源雅訓、疏通古語等。書中多次涉及「語轉」問題，對於詞語的推源問題很有參考價值。如吴氏謂卷六訓乖離之「伆」係「佛」之或體，禮記曲禮「獻鳥者佛其首」，鄭注：「佛，戾也。」而「佛」之訓違，實係「咈」之假聲。説文：「咈，違也。从口，弗聲。」書堯典「咈哉」，某氏傳：「咈，戾也。」類似意見和論述都是非常精彩的。不過該書還有不少地方或失之簡略，或歸因可疑，缺乏深入闡釋，這些都俟諸來者詳考商榷。

此次整理五種零札的底本參凡例。在整理思路上，以方便閱讀參考爲要旨，不作繁細校記，各書所涉及的文獻轉引轉述，並不嚴格拘泥原始材料樣式而逆改行文，兼顧文意層次清晰並求版式疏密美觀。個别出處存在偏誤或影響理解的訛誤，稍附簡要説明。

本人學養不足，功底淺薄，因曲解諸書文意而導致的錯漏恐在所難免，敬請讀者不吝指正，謹先此致謝。

二〇二一年七月二十二日

凡例

一、五種零札排列順序參照成書先後。札迻方言校記和宋本方言校勘記以上海古籍出版社一九八九年出版的清疏四種合刊所影印收録者（附在方言箋疏書末）爲底本；書方言郭璞注後以中華書局一九五九年影印商務本觀堂集林爲底本；經籍舊音辨證方言郭注辨證則參用中華書局一九八六年排印本；方言注商附補遺以商務印書館一九三六年排印的國學小叢書本爲底本。

二、方言文字與郭注文字，爲與諸書校釋内容相協，悉遵原書之貌，不對底本作繁瑣改動。爲便於讀者使用，排版時儘量通過字體、字號和回行等方式对方言原文、郭注及各家校釋文字作出區分。

三、諸書録排採用通用繁體字形；遇有古今字、通假字、異體字、正俗字，保留底本原字形。常見版刻訛字如「己、己、巳」誤混，及舊時鉛字排印過程中導致的明顯字形訛誤如「㕚」印作「义」等，一律徑改，不另出校記。惟針對宋本方言校勘記中方言正文，取宋慶元六年李孟傳潯陽郡齋刻本方言進行對校，以檢王書傳刻之訛，並出校記。諸書底本出現的缺筆諱依例回改，從音、義角度所避本朝諱或所避家諱不改，如元應，其他一律不改訂底本。個别引用書證出處存在偏誤或影響理解的訛誤，本書會稍附簡要説明。

四、諸書所涉方言文字、郭注文字與校釋疏證内容均斷句標點，標點符號使用全式標點，並儘量簡省。鉛排底本原有標點，但時有錯訛，且部分標點符號用法與現行規範不符，故均予重新標點。

五、諸書條校條釋内容，按照每一條中的每一個詞目進行换行。

六、書後附條目索引，以便讀者對照。

札迻·方言校記

清　孫詒讓　撰

卷二

或曰寓。寄食爲餬口〔一〕。郭注云：「傳曰：『餬其口于四方。』是也。」戴氏疏證云：「『餬其口』，各本訛作『餬予口』，今據左傳改。」盧、錢並同。案：晁公武郡齋讀書志載所傳蜀中本正作「餬其口」，云國子監本作「餬予口」。今本正沿宋監本之誤耳。

卷三

别，治也。戴云：「辨别不淆紊，故爲治之義。」錢氏箋疏云：「説文：『别，分解

〔一〕方言原文作「寄食爲餬」。

也。』『解』與『治』義相近。」

案：「别」與「辯、辨」通。説文言部云：「辯，治也。」禮記鄉飲酒義注云：「辯，猶别也。」小爾雅廣言云：「辨，别也。」吕氏春秋過理篇云：「實辨天下。」高注云：「辨，治也。」周禮朝士注云：「辨，讀爲别。」又士師鄭衆注云：「辯，讀爲風别之别。」

卷五[一]

蠡，陳、楚、宋、魏之間或謂之簞，或謂之櫼，或謂之瓢。郭注云：「瓠勺也。今江東通呼勺爲櫼，櫼音羲。」

案：集韻五支云：「櫼，蠡也。或作檥。」陸羽茶經云：「瓢一曰犧杓，剖瓠爲之，或刊木爲之。晉永嘉中餘姚人虞洪入瀑布山採茗，遇一道士云：『吾丹丘子，祈子他日甌犧之餘，乞相遺也。』別引云出神異記。犧，木杓也。」陸書「犧」當爲「檥」之譌，亦即「櫼」之或體，虞洪所傳正晉時江東方語也。

[一] 底本作「卷二」，非。今據方言改正。

卷八[一]

雞雛，徐、魯之間謂之⿱秋隹子。注云：「子幽反。」戴云：「『⿱秋隹』字各本訛作『秋侯』二字。廣雅：『⿱秋隹，雛也。』曹憲音釋『⿱秋隹，子幽反』與此注同。玉篇、廣韻並云：『⿱秋隹，雞雛。』今據以訂正。」盧、錢本並同。

案：郡齋讀書志載蜀中傳本正作「⿱秋隹」，云監本以「⿱秋隹」爲「秋侯」。然則今本亦沿監本之誤，宋時蜀本自不誤也。

卷九

其柄謂之矜。注云：「今字作『槿』。巨巾反。」又云：**矜謂之杖。**注云：「矛戟槿即杖也。」又云：**抵、㧊，刺也。**注云：「皆矛戟之槿，所以刺物者也。」卷十二

案：諸「槿」字，盧校本並改作「⿰禾堇」，錢從之。今考「⿰禾堇」亦俗字，疑古即借「槿」爲「矜」。集韻十八諄云：「矜或作⿰禾堇，通作槿。」史記秦始皇本紀「鉏櫌棘矜」，裴氏集解

[一] 此條原誤排在卷九「其柄謂之矜」條之後，「凡箭鏃胡合嬴者」條之前，今正之。

引服虔云：「以鉏柄及棘作矛槿也。」宋本如是，盧、錢引亦改作「穳」。文選吴都賦劉逵注云：「簟竹大如戟槿。」戴凱之竹譜云：「筋竹爲矛，利稱海表，槿仍其幹，刃即其杪。」字皆從木。疑六朝、唐人自作此字，不必改從矛也。

凡箭鏃胡合嬴者，四鐮或曰拘腸，戴校從廣雅作「鉤腸」，今從盧、錢本。**三鐮者謂之羊頭，其廣長而薄鐮謂之錍，或謂之鈀。**注云：「胡，鏑在於喉下。嬴，邊也。鐮，棱也。」

案：漢時矢鏃蓋有兩制：一則爲薄匕，而以鐵爲鋌以入稾。此考工矢人、冶氏舊制也。左昭二十六年傳：「齊子淵捷從洩聲子，射之，中楯瓦。繇朐汰輈，匕入者三寸。」杜注云：「匕，矢鏃也。」此古矢鏃皆爲匕之證。一則爲豐本，或三鐮或四鐮，而爲骹以冒稾，此後世之別制也。此云「胡合嬴者」，「胡」即喉也，與考工冶氏戈戟之胡制異而義略同，蓋即謂豐本之漸殺者，故郭云「鏑在喉下」。「嬴」，郭訓爲「邊」，實當兼有包裹之義。淮南子脩務訓高注云：「嬴，裹也。」「嬴、嬴」通。謂鏃之本空中而合裹其邊，其外則四鐮正方者謂之拘腸，三鐮斜角者謂之羊頭，此皆豐本之鏃也。豐本之鏃當亦有爲鋌以入稾者，其制與古尚不相遠，或無別名耳。錍與鈀，廣長而薄，則即古薄匕之鏃也。爾雅釋器云：「金鏃箭羽謂之鍭。」郭注云：「今之錍箭是也。」蓋古矢鏃必爲薄匕，景純固知之矣。錍即薄刃之名，戰國策趙策趙奢説劍云「無脾之薄而刃不斷」，彼「脾」即「錍」之借字。矢匕與劍刃制相類，故其名亦同。此條足考漢時矢鏃之制，而戴、錢諸家皆未能詳究其義，故略釋之。矢本有爲骹以冒稾者，説亦詳後釋名。

卷十二

揄、楕，脱也。又云：**髫、尾、梢，盡也**。「髫」舊本誤「髫」，戴據廣雅校正，盧、錢本並從之，注同。注云：「髫，毛物漸落去之名。」

案：「楕」與「橢」同，「楕、髫」字亦通，皆毛物挩落之名。淮南子説山訓云：「髡屯犁牛，既科以橢。」高注云：「科，無角；橢，無尾。」王氏襍志謂「科、橢」，皆禿貌也，引太玄窮次四「土不和，木科橢」爲證，其説甚塙。此「楕、髫」即淮南書之「橢」，高注云「橢，無尾」與「髫、尾、梢，盡也」之義尤密合。而戴、盧兩校轉依廣雅，改「楕」爲「墮」，王校淮南，錢箋方言亦均未引及，謹舉以補其義。

楊雄荅劉歆書[一]：**二十七歲于今矣**。盧校云：「案：雄年四十餘游京師，見雄傳贊。其上甘泉賦當在成帝元延二年，古文苑注云『計雄此時年近七十』，蓋在天鳳三、

[一] 揚雄答劉歆書原附卷十三後，依例當於此篇名前加「卷十三附」四字。

四年間。」

案：此約戴説也。戴謂劉歆遺書求方言當在天鳳三、四年之間，以情事推之，似不甚塙。竊疑此「二十七歲」當作「一十七歲」。考漢書百官公卿表，成帝陽朔三年九月御史大夫王音爲大司馬車騎將軍。本傳云：「初，雄年四十餘，自蜀來至游京師。大司馬車騎將軍奇其文雅，召以爲門下史，薦雄待詔。歲餘，奏羽獵賦，除爲郎，給事黄門。」雄自蜀至京師，爲王音門下史，當即在陽朔三年，時雄三十二歲，據傳云「天鳳五年卒，年七十一」逆推之。文選王文憲集序李注引七略亦云，子雲家牒言以甘露元年生也。傳云「年四十餘」者，「四十」亦「三十」之誤也。其薦雄待詔自是楊莊。本傳云「客有薦雄文如相如者」，即指莊言之，贊偶疏略，遂似王音所薦，則誤也。其奏甘泉、羽獵賦，除郎，亦自在元延二年，戴據本傳及成紀考之如是。蓋子雲留京師已十二年矣。此書云：「天下上計孝廉及内郡衛卒會者，雄常把三寸弱翰，齎油素四尺，以問其異語，歸即以鉛摘次之於槧。」蓋始至京師時，即事鉛槧，非自爲郎歲始也。自陽朔三年後十七年爲哀帝建平元年，劉歆傳：「哀帝即位，大司馬王莽舉歆宗室有材行，爲侍中太中大夫，遷騎都尉、奉車光禄大夫，貴幸。復領五經，卒父前業。歆乃集六藝群書，種别爲七略。」歆求方言當在彼時，上距雄初至京師正十有七歲也。宋本劉書首云：「漢成帝時劉子駿與雄書，從取方言。」「成」當作「哀」。

劉、揚兩書並有孝成皇帝之文，宋本之誤固無可疑。而戴、盧必欲傅合二十七年之文，謂在王莽時，則仍誤耳。據歆書云「願頗與其最目，使得入籙」，雄荅書云「典流於昆嗣，言列於漢籍」，「籙、籍」並指七略言之。若如戴說，則時王莽篡漢已久，何得頌言冀列漢籍，以觸忌諱乎？且是時歆方爲太中大夫，與中郎同屬光禄勳，故得受詔宓郎中田儀事。又本傳「歆以建平元年改名秀」，此書正在是年，蓋在未改名前數月，故尚題舊名。若天鳳三、四年，則改名久矣。歆所校山海經題建平元年四月上，卷中已稱「臣秀」。儻此書作於莽世，安得更署歆名乎？即此數耑亦足以明之。

齊、魯間謂題肩爲鴊。

案：今本無此文。廣韻、集韻十四清並引方言，當是佚文。儀禮大射禮鄭注亦有此語，惟「鴊」作「正」，「鴊」俗字也。

宋本方言校勘記

清 王秉恩 撰

方言戴證最詳，盧校最精，惟戴僅見明景曹毅之本，盧書成始見李文授本。此本後於李本，今據校戴[一]、盧兩本，凡有同異箸之，餘概弗及。劉氏台拱端臨遺書、錢氏繹方言箋疏有折中兩本者間采及之。儻有鄙見，以今案識之。癸丑三月華陽王秉恩記。

弟一

謾。 注言謾詑。音詑，大和反。謾，莫錢又亡山反。

戴本無「莫錢又」三字。盧移「謾，莫錢」六字於上，「錢」下增「反」字。「詑、詑」皆俗，改「詑」。

鬼。 注言鬼眎也。

[一] 根據王氏校語所反映信息，其所據方言疏證當爲戴氏遺書本。

眎，戴作「眽」，云各本「眽」訛「眎」，「眽」俗作「脉」，因訛「眎」。盧「脈」。

媌。注今關西人亦呼好爲媌。

戴脱「亦」，盧有。

姣。注音狡。

戴脱「音狡」。

姝。注音株。

「音」上戴補「又」字，盧从。段若膺云又一音後人所記。

妍。注妍，一作忏。

戴脱注，盧有。劉端臨曰：「集韻引方言有。」

烈、枿。注謂烈餘也。

戴云當作「遺餘」。盧云舊誤「烈」，當从卷二注改「遺」。

𨽸。注音謚。

戴「肄」。盧案：「𨽸」从宋刻，即「肄」。

熬[一]。注魚烝反。

「烝」，戴同。盧「斉」，以「烝」爲俗。

慗

各本同。戴从文選李注引改「愵」。

䁮。注作念反。

「反」，戴誤「及」。

溼

戴同，盧从荀子楊注作「濕」，與「溼」通。注「潛沮之名」下有「沮，一作阻」四字，戴脫，盧有。

岱。注太山。

盧同，戴「泰」。

憮

戴云各本訛「憮」，今訂正作「幠」。盧同，依尒疋改正作「幠」。

〔一〕 熬，宋慶元本實作「慗」。

注雅，小雅也。

各本同，兩本「小」改「爾」。

噎。注噎，謂憂也。

「噎」下兩本增「噫」字，劉云非。

注閱穀。

戴作「瀾沭」，从卷十訂正。「穀」作「穀」。盧作「閱沭」。

欺。注同

兩本「欺」，从説文，注同。戴云各本誤「欺」。盧云俗本「欺」，宋本不誤。

𢱢〔一〕

戴云與「惏」古通用。盧云即「惏」字。

亟。注詐欺也。

戴：「亟」亦作「極」。注「欺革反」，各本訛作「詐欺也」，从曹憲廣雅音改「欺革反」。盧从。

〔一〕此條應置於「欺」條之前。

梨。言面色似凍梨。

「似」，盧同，戴作「如」。

延、永，長也。

戴：據文選李注、尒疋郭注兩引「永」均作「年」，各本「永」非。盧云宋本「永」不誤，如不出「永」字，下文「永」字何所承乎？以不改爲是。

冦。注俗謂之冦也。

「也」，戴「㒵」。

暇

戴：「假」，各本訛「暇」。盧从宋本改「嘏」。

通詞

「詞」，戴訂正作「語」。盧同。

牴。注觸牴也。

戴云各本訛「牴」，據廣雅改「抵」，下同。盧云「觸牴」乃「抵」字音，俗本誤衍「也」字，从宋本删。

「**張小使大**」二**句**

兩本提行。

摸

兩本同。盧：各本从木，今依宋本。

嬛。火全反。

「全」，戴誤「金」。劉云「火全反」當在「嬛」下。

嬋

兩本上下均「蟬」。

挻。羊羶反〔一〕。

兩本同。劉云：「『挻』音『羊羶』之『羶』，不當有『反』字，誤衍。」

踏。古蹋字。

戴作「塌」。盧云作「塌」，又作「榻」，均誤。

佫。注格亦訓來。

〔一〕此條應置於「佫」條之後，接「簭」條。

格，戴作「洛」。今案：疏證中據尒疋所引方言作「格」[一]，如注不出「格」字，疏證中「格」字無據。

饏。音饌。

兩本訂正作「篹」。盧刪「音饌」二字，説甚詳。戴有二字。

飧。注同

兩本「餐」，戴云亦作「湌」。今案：此本反切字均著本句下，兩本均移本字下，後不悉出。

弟二

偞

盧同。戴「偞」[二]。

顠

[一] 此處尒疋當指尔雅郭注。

[二] 盧、戴實際均作「偞」。

盧同。戴「顊」，下同。

膝[一]。音滕。

盧同。「膝」，戴作「膌」。「膝」，戴作「膝」。注「隻也」[二]，兩本作「雙」。各本訛「隻」，注內「雙耦」亦訛「隻」，戴據玉篇引及廣韻訂正。

魏

兩本據廣雅改「嫛」，注同。

偍。注言偍偕也。度皆反。

戴作「言偍偍也」，脱「度皆反」三字。盧云各本作「偍偕」，从宋本改「偍偕」；「度皆反」从卷六内音改「度指反」。劉云集韻亦作「度皆反」，盧改非是。

「**自關而西**」上

兩本有「傀」字，説詳疏證。

儸。注儸佯。

[一] 膝，宋慶元本實作「膝」。

[二] 「隻也」乃正文，非注。依例當提行，別爲一條。

「佭」，盧同，戴「胮」。

曰偉其肥⿰月戚

戴：衍「曰」字，以「偉」爲「諱」之訛。盧从。「⿰月戚」，兩本「⿰月咸」。今案：作「⿰月咸」是。

私小

盧：衍「小」字。

繒帛

「帛」，盧同，戴「白」。

注 靡，細好也。

戴作「靡靡」。盧不从，説甚辨。

篾

兩本「蔑」，注同。詳補遺。

注 ⿱髟悉。

戴「⿱髟憲」。盧：「⿱髟悉」乃「⿱髟夋」俗。

延。 注 一作迮。

案：「匹」，各本訛「延」。「匹」俗作「疋」，形近遂訛「延」。「疋」訛「迮」。戴據廣雅改訂，盧云「迮」未詳。

謂之臺敵

戴同。盧以「臺」字爲句，移下條「耦也」二字及注「耦亦匹，互見其義耳」八字於此句下。錢氏繹箋疏从盧，劉云盧移非是。

抱嬔。追萬反，一作嬎。

「追」，戴从曹本改「孚」。盧云李本亦作「追」，説甚詳。「嬔」，盧作「娩」[一]，説詳校本。

倚、踦

兩本提行。「倚，立寄反」[二]，「立」，兩本「於」。

罾

各本及戴同，盧从宋本作「獸」。

或謂佫曰懷。

戴作「或謂之佫，或曰懷」。盧作「曰佫，或曰懷」，云宋本「或」字誤在「曰佫」上，今移正。各本同此，戴本亦未得也。今案：「佫」即古「格」字。

[一] 盧實作「娩」。

[二] 立，宋慶元本實作「丘」。

𥝩。音日〔一〕。

兩本「音昵」，盧云或「音刃」誤。劉云「音日」是。

餬

兩本提行。「齊、衛、宋、魯」，戴同，盧初从宋本作「齊、魯、宋、衛」，繼从李本與此本同。注「餬予口」，兩本从左改「予」爲「其」。

注 治爲亂。

盧云各本同，誤，據尒疋改「亂爲治」。又「是也」疑當作「者也」。

赧

兩本「赧」。又「小尒疋」，注無「尒」字，盧云省文，戴增。今案：蓺文志本作小疋，五經正義、文選李注、衆經音義引小尒疋均作小疋，不煩增字。注「面赤愧」，「赤」字，盧：衍。

憑、齘

兩本「馮」，盧云宋本「憑」，可通。「齘」，戴云訛，各本及注同，今从說文、玉篇、廣韻

〔一〕宋慶元本作「暗」，乃「音日」舛爲正文。

訂正作「齘」。盧作「齡」，即「齘」字，舊作「齘」誤。

憡。 注 憠憡。

「憠」，盧同，戴「㦧」。

睇。 注 音悌。

戴同。盧云各本「音悌」，今从宋本「音梯」。

注 折破。

兩本「折」作「析」。

椓〔一〕

各本同，兩本从說文訂正改「琢」。

鍇。 音揩。

兩本「音楷」，盧云舊音皆誤。

葉輸

舊本同。戴據玉篇改「褕」，盧从。注同。

〔一〕 椓，宋慶元本實作「掾」。

注物之行蔽。

兩本「行」作「扞」〔一〕。錢云集韻引作「行」，周禮司市後鄭注：「害民，謂物行苦者。」淮南高注：「行，麤也。」今謂物之不攻緻者爲行，作「扞」非是〔二〕。

蹶。音厥。或曰蹶。言踣蹶也。

戴云各本「音」訛「言」，又訛在「或曰蹶」之下。「音厥」二字重出。盧从戴移正。

注「胡刮反」，「反」，戴誤「切」。

蔿。注亦或聲之轉也。

「或」，戴作「獪」，盧从。

弟三

𤿎

盧同。各本注同。戴訂正作「㨰」。今案：古書「㨰」多作「㨳」，形近「𤿎」。詳盧

〔一〕「扞」當作「扞」，下同。

〔二〕此當爲劉台拱方言補校語，非錢氏言。

説。注「卒便一作平使」六字，戴脱，盧云「卒便」即「倩」字合音，此六字乃校者詞，「平使」譌。下條「聓」，盧从，戴亦改「壻」。

注擔幔。

「擔」，戴同。盧「儋」。

汁。 注潘汁。

「潘」，戴云「潘」訛，據釋名訂作「瀋」。盧云「潘」亦有汁義，不从戴改。今案：「潘」爲淅米汁，見説文、玉篇。

芥。 嫫母。

各本同。「芥」，戴據選注引方言改「莽」，「母」下脱「反」字。盧从改「莽」，謂讀若「嫫母」，不應增「反」字。劉云當音「嫫母」之「嫫」，音母非。

注菩，音魚[一]。

戴同。盧：「音吾」[二]，吾、魚通。

蘇亦荏也。

[一] 此條應置於「蘇亦荏也」條之後。
[二] 盧實亦作「音魚」，此處乃言宋本作「音吾」。

不提行，盧同。戴提行。劉云當提行，不當屬上。

𧃩。注鈴鐃。

盧同，云俗本「鈐」，今从宋本、正德本。戴亦「鈐」。

魯、齊之郊

戴同。盧云各本作「郊」，今从宋本作「間」。補遺云李本仍作「郊」。

注大合反。

戴同。盧从宋本作「徒合」，俗本「大合」。

䔲。注亦呼䔲耳。

戴作「荾」，各本訛「䔲」，从曹本改。「呼」改「名」，注「傳以名」之「傳」改「轉」。

盧从。劉云「轉」當作「博」。

茦

戴云各本訛「策」，从尒疋改「茦」。盧同。補遺：李本正从艸。注「茦，刺也」，「刺」，戴誤「賴」。

𧎳。音鱡。

戴同。盧云俗本誤「鱡」，从宋本改「鱖」。

𤸇。音聊。

戴同。盧云俗本「聊」，今从宋本音「澇」。劉云「聊」是「澇」非。

眠

戴云各本訛「眂」，曹本作「瞑」不誤。盧云正德以下本作「眠」，卷十内作「眠」，二字本通。

怏。注怏即狡。

「怏」，戴作「恔」，盧同。

膠。注讟，訰回反。亦曰詒，音殆。

戴以「讟訰」句絶，「回」上增「他」字。「訰」，盧作「訑」。俗本「訰」，無「音殆」二字。

凥

兩本同。盧云宋本「居」，「凥、居」古通用。

或曰度。

三字戴脱，盧有。

聖

兩本改「聚」，據廣疋改。

東齊、海、岱之間瘼

兩本「瘼」上有「曰」字，此本脱。

瘎。 注音閻或湛。

盧云正德本同，今从宋本「音諶」，戴同。劉云集韻有「閻、湛」二音。

謫。 音幘〔一〕。

「幘」，兩本「賾」是。

歠。 注故立數也。

「立」，兩本「云」。

軫。 注相了戾也。

戴引選注謂各本「乖」誤作「了」。以宋本、世德堂本皆作「了」，盧不从，説詳校本及補遺。

譚

盧云俗本作「諱」，字書無此字，今从正德本。補遺云李本正作「譚」，戴「譚」同。

〔一〕 幘，宋慶元本實作「蟦」。

梱。 注梱梱，成就。

兩本「梱」并从禾。劉云从禾是，「成就」，當作「成熟」〔二〕。

銛。 注謂挑取物。

盧同。「物」，戴作「也」。

搶

兩本「捷」，注同。盧：舊本「搶」。

弊

盧同，戴「㢢」。「弊、㢢」古通用。

褸裂。 注裂，衣壞兒。音縷。

盧云「裂」上有「褸」字，舊本脱。此本同。戴并「音縷」二字均脱。

連此撲澌〔三〕

「連此」，兩本作「鋋賜」，云舊本同，誤。

〔二〕補校作「成孰」。

〔三〕撲，宋慶元本實作「撲」。

鸐。注一圭反。

戴「一」上有「又」字。盧改作「一音圭」，無「反」字，引詩「吉鸐」，三家詩作「吉圭」。補遺：穆天子傳郭注「鸐，音圭」。

弟四

祇。音止。

戴同。盧「音氏」，「音止」誤。

襌。注單襦。

戴：「單」訛「襌」。今案：應照初學記引改。

褘。音韋。

盧同，戴「音葦」。

祓。音沸。

兩本同。補遺：李本「音撥」。

齊、魯之郊謂之裺。

戴同。盧云宋本、正德本「魯」作「楚」；「衲」，宋本作「裧」。

「襦、褌」二條〔一〕

兩本提行。「襦」亦作「褕」，兩本、正德本作「褕」，盧云宋本作「襝」。今案：「褕」見說文、玉篇。

西南屬漢

「屬」，戴據卷五内改「蜀」，盧从。

衳。錯勇反。

戴同，盧从宋本「錯」作「息」。劉云「錯」是。

襹。注徵蹇與襦。

「蹇」，兩本「襹」。「襦」，兩本「襦」。

「裯」下四條〔二〕

提行。戴連文，盧本「裯」與弟二條不提，後二條提行。

〔一〕此條應置於「西南屬漢」條之後。

〔二〕此條應置於「褸」條之後。

褸。注綴結也。

戴同。「綴」，盧作「緻」，云宋本、俗本多作「綴」。

袂。音藝。

「袂」，亦作「褹」。盧云宋本「音寐」，不必从。又云俗本、李本有「之」字，宋本、正德本無。

無𧙕之袴

兩本及宋本、近本皆有「之」字，正德本無。

䘯。干苕反。

戴同。盧云正德本同，今从宋本作「所交」。

裺。尖劒反。

戴同。盧云正德本「尖」，今从宋本「尖」作「於」。劉云「尖」乃「衣」字之譌。

偏裨

提行。盧同，戴連上。「裨」，兩本「禪」。

褌

兩本「禪」，盧云俗本誤，「禪」當从宋本、正德本作「褌」。

袒飾謂之直衿。 注婦人初嫁所著上衣，直衿也。袒音但。

盧云宋本無「音但」二字。「衿」，戴據廣疋改「袊」。盧从，又云「所著上」三字宋本無，玉篇有。補遺：李本正作「袊」，注同。有「所著上」及「音但」五字。下「繞衿」，兩本亦據廣疋改「袊」。

襦。 音橘。

盧同，戴無。

緊袼謂之褔。 注翳洛嘔三音。

兩本提行。「洛」，盧同，戴作「袼」。盧云「嘔」，正德本、戴本同，今从宋本作「漚」。注「小兒次衣」，「次」，各本同，戴據説文改「次」。盧云「次」即「涎」字，从戴改。

「楚謂」至「裗褔」

兩本提行。

自關以西〔二〕

「以」，盧同，戴「而」。

〔二〕此條應置於「帑」條之後。

帑。音績。

兩本同。盧云宋本「績」。

㛪。於怯反。

兩本同。盧云「怯」俗本作「法」，誤，今从宋本、正德本改。

其遍者

「遍」，兩本「偏」。盧云舊本誤「遍」，今案文改正[一]。

「覆結」至「通語也」

戴提行。「承露」上兩本有「之」字，盧云宋本無。此本有。

粗者謂之屦。西南梁、益之間或謂之屦。他回反，字或作屦，音同。

「粗」，戴作「麤」，云通「粗」。盧云宋本、正德本同「粗」。「屦」字，戴上作「屨」，下作「屦」。盧均作「屦」，俗本均誤「屦」，今从宋本、正德本改正，戴作「屨」，未是。今案：下「屦」字，正文既作「屦」，注即不應重出「或作屦」，殆正文本「屦」誤耳。

㝩。下瓦反。

[一]「文」下有脱文，當補「意」或「例」字。

戴同。盧云「屎」舊本从户，與「履、屨」等異，誤，今从廣疋改正。「下瓦」作「乎瓦」，正德以下本作「下」。

弟五

釜，自關而西或謂之釜，或謂之鍑。

提行，戴同。盧連上，以首「釜」字爲衍文。

鬵

「鬵」，戴「鬵」，盧「鬵」〔一〕。注「梁州呼鉹」，戴據廣韻「鉹」下引「梁」作「涼」。盧从。

餾

兩本同。盧云俗本多从金旁，誤。

銚鋭。謡語。

盧同。「語」，戴作「音」，从弟十三注改。

㿽。書卷。

〔一〕盧實作「鬵」。

盧同。「書」，戴作「音」。今案：當作音「書卷」之「卷」。

⿱楊皿。音章。

兩本作「又章反」。盧云舊本「音章」誤，今从廣疋曹憲音。

陳、楚、宋、魏謂之筲。

「魏」，戴同。盧云各本俱作「魏」，今从宋本作「衛」。今案：説文「⿱⺮捎」下亦作「魏」。

甀。度□反。

「度」下破損，戴作「腄」。盧云俗本「腄」，今从宋本作「睡」。

罌

兩本「罌」下有「也」字。盧云「也」，舊本脱，應補。

瓬。注 今江東通名六瓮爲瓬。

「名」，盧同，戴作「呼」。「六」，兩本作「大」。

儋。注 所謂家無儋石之餘也。音擔。字或作甔。

「儋」，戴作「甔」，注同。「餘」作「儲」，下有「者」字。「音擔」，「擔」作「儋」，下增「荷」字。「甔」作「儋」。盧作「音儋荷」，字或作「甔」。引漢書揚雄傳，「儲」誤「餘」。後漢書明帝紀引「儲」下有「者」字。

「罃、廱」二句連上[一]

兩本提行。

其小者謂之瓶。罃甒謂之盎。

提行。戴同。盧以「罃」屬「瓶」下，以「罃」提行爲誤，錢氏糾其謬，甚詳。

升甌

戴同。盧據廣疋移「甌」於下條之首，爲「甌、甂」。劉云非是，錢説較詳。

所以注斛

盧云俗本「所以」上空五字，郎本以「篙注箕籮皆」五字補之，非是，宋本并無闕文。此本同。

自關而西謂之注箕。

盧以「注」字句絶，「箕」字提行。劉云盧較是也，集韻引即不連上節。

⿷匚厶

兩本「㔯」。注「江東呼浙籤」，「浙」，盧同，戴作「淅」。玉篇：「㔯，漉米籅也。」

〔一〕廱，宋慶元本實作「⿸广⿱隹缶」。

繘綆

戴據易井卦釋文、左襄九正義引删「綆」字。盧从，錢同。

飲馬槖

兩本改「飲」爲「飤」。「飤」，古「飼」字。

甂

戴同。盧以注及下文注均有「甃」字，據正字通引改「甃」。

拂。音拂。

兩本从木。今案：正文「拂」應从木，正文與音不同字。

柍。注 亦音爲車鞅。

盧有「爲」字，戴無。

自關而西謂之薄，南楚謂之蓬薄。

盧同，戴無「南楚」六字。

麴。注 此直語楚聲轉也。

盧云俗本作「轉聲耳」，今从宋本、正德本改。「也」，戴作「耳」。

椵。音段。

兩本「椵」,「音段」。

槌。注 絲蠶薄柱也。

「絲」,兩本从廣韻引改「縣」,是。

梼。丁謹反。

兩本「丁革反」。梼,从木,特省聲。

胡以縣樽

「胡」,兩本作「所」。

繏。相主反。

「繏」,戴作「繏」,「相卞反」。盧从宋本改「繏」,「相卷反」,與廣疋、玉篇合。

檈

兩本同。盧案「檈」字不可曉,宋本同上作「擐」,正德本無此字。李本亦無。

箭。注 篾篷。

戴同,盧云宋本、正德本作「蓬」。補遺:李本正从竹。

篕

盧同,戴作「篕」。

趙。 注當作兆，聲之轉也。

盧同。「兆」，戴作「桃」。「皆通也」，「通」下戴有「語」字，盧疑脱。

樺。 音先。

兩本「樺」，「音詵」。盧云俗本誤「樺」，據宋本改，與初學記引合。

榻

提行。兩本連上。

凡

兩本改「几」，「凡」誤。

注絡絲也[一]。

「也」，戴同。盧：舊本作「也」誤，改「者」。

道軌

「軌」，兩本「軌」。

關之東、關之西

[一] 原無「注」字，依體例補。

兩「之」字，兩本均作「而」。

箭裏。 注 簿著名箭。

「簿」，兩本「簙」。「著」，兩本「箸」；「箸」下均有「一」字。盧云「箸」，舊本誤「著」，據廣雅改，「一」字脱。

圍棊

提行。兩本連上。

弟六

聳、㢡。 注 皆强欲也。山頂也。

「㢡」，戴作「𢦏」，「頂」作「項」，盧从戴改。「也」，兩本「反」。今案：「㢡」即「奬」字形近而訛。「聳」，集韻收入三講，「頂」是「項」之誤。

注 聉。

兩本同。盧云宋本誤「耻」，正德本不誤。「伺火」，「伺」應作「司」，戴作「司」。此本與宋本同誤，李本不誤。

凡無有耳者

盧同。戴从説文、玉篇删「有」字。

其言聯者

「聯」，盧同，戴作「瞯」，與上同。李本亦作「聯」。今案：「聯、瞯」音義相近。

明

盧云俗本誤「明」。

堕

盧同。戴作「埥」。

傜。注言娥傜也。

「娥」，兩本「俄」。俗本脱「俄」，宋本有「娥」。

龕

戴同，上从合；盧从九經字樣上改从今。補遺：説文「龕」从龍合聲，是。

逴。注行略逴也。

盧同。「略」，戴誤「路」。

怠、陁，壞。注謂壞落也。音虫豸，未曉。

「陁」，盧同，戴作「阤」。「虫」，兩本「蟲」。戴云「未曉」二字蓋閲是書者所記，以

「虫豸」不可曉耳，應删。盧从删。李本有。今案：作「蟲」亦不能曉，殆守蓋闕之義，不必强解。兩本「壞」下有「也」字。

誙、⿰言奄，与也。乙劍反。

「誙」，下文及注同。戴作「誣」，盧同。「與」[一]，下文及注盧并同，戴均作「與」。「乙」，盧同，戴从玉篇作「於」，又云「阿與」之「與」，讀若「礜」。盧云「誙」，宋本「誣」，下同。俗本「誙」，今从説文爲正。注「所以致誙⿰言奄也」，戴無「也」字，盧有。

自關東曰掩。

兩本「關」下有「而」字，例以下文，應有。

狚。注但伺也。

「狚」，戴改「抯」。以「但伺也」三字舛誤不可通，據卷十「抯」下注「相梨」二字移改此三字。盧云俗本正文誤「狚」，并脱注。今據宋本補正作「狙」，不从戴説。補遺：史記「狙擊秦皇帝」，服、應注并以「狙」爲「伺」。今案：管子「從狙而好小察」注：「狙，伺也。」文選西征賦注引倉頡篇：「狙，伺候也。」「但」乃「狙」之譌，狙，伺而取

[一] 此處「與」當作「与」。

之、掩襲而取，皆取也。則此三字爲郭注本無疑，戴移「相梨」二字於此，舛誤不可通，錢氏亦以戴移改爲非。

儓。 注古凳字。

戴作「凳」，盧同。李本「凳」。

「飛鳥」二句

提行。盧同，戴連上。「棄」，盧同，戴作「乘」。「棄」，古「乘」字。

宋、魯之間

戴同。盧作「魯、宋」，誤倒。

坦

兩本「坦」不誤。

斜

戴同，古「犂」字，文選藉田賦注引作「犂」。盧云舊本「斜」誤，从說文改「𥝩」。今案：尒疋釋文、正義及玉篇所引并作「犁」，「𥝩、梨」古今字。

注蛐蟮。

兩本同。戴云諸刻訛「蟥」，盧云宋本作「蛐」。

徥。 度揩反。

戴同。注「徥皆，行皃」，戴作「徥徥，行皃」，各本誤「徥皆」。「揩」，盧依卷二注从宋本改「指」，是。

㾑

盧：宋本「㾑」，下同，以「㾑」爲是。

㕷。 一音把塞。

「把」，兩本「𢗌」。戴云從曹本改「𢗌」。今案：「㕷」與「𢗌」同紐，廣韻引方言作「皮美切」。「把、𢗌」形近而誤。

偪

戴同。案：亦作「幅」。廣疋：「滿也。」盧从宋本作「愊」，俗本「偪」。劉云説文「畐，滿也。或作偪」，作「愊」非是。今案：「愊」與「畐」亦通，均有滿義。

冉鐮

兩本「冉鐮」，戴同，盧作「鎌」，宋本「鐮」，下同。「鐮、鎌」同字。

椅

戴據玉篇改「掎」，盧从。

瘱。注埋也。

戴云各本「瘞埋」爲「埋也」，今訂正。盧从。

諟。注亦審諟。

戴同，盧从丁杰校改轉爲「諟亦審」。

摩，滅也。

「滅」，戴據廣疋改「藏」，盧从。今案：廣韻、玉篇亦作「藏」。

絙。或曰緪。

戴均作「緪」，本說文。盧上「絙」下「緪」。今案：「亘、恒、絙、緪」均通。

撊

下同。戴上「繝」下「撊」。盧據玉篇均改「繝」。錢云仍从扌，不必改从糸旁。

闓笘

「笘」，戴據廣疋作「苫」。盧云各本皆作「笘」，宋本下一字作「苫」。盧以「苫」訓開爲疑，皆當作「苦」，說詳校本。錢：「苦」乃「苫」訛，戴誤。

卬

戴云各本訛「卬」，據廣疋訂正作「印」。盧不从。

注高峻之皃也。

「高」上木釘。戴云高上有「皆」字，各本脱，曹本有。盧云宋本有。

菱。注同

盧均同，戴作「菱」。

佚惕，緩也。

「惕」，戴作「婸」，「緩」作「婬」，據廣疋訂正。盧不从，説詳校本。錢亦以戴非是。

第七

蹻。音笑謔。

「謔」，戴同。盧云俗本誤「謔」，今从宋本作「噱」。劉云依曹憲廣疋音作「謔」爲是。

佻。注縣物皃。

戴同。盧云俗本脱「皃」字，宋本有。錢云衆經音義所引正合。

僔。注同

盧同，戴作「傅」。「傅」即「僔」字，猶「敷」之或作「𢿌」也。

膊。音膊脯，又普博反。

兩本均無「普博反」三字。

飪。注荏。

盧同，戴「荏」。

魏

兩本「嫢」。已見弟二。

企。欺豉反。

「反」，戴同，盧作「切」。前後作「反」，此作「切」誤。

注粗食。

盧及李本同。「粗」，戴「麤」，同。

眗。州呼。**熱也，乾也**。注熱則乾熮。

「呼」，兩本「吁」。「熮」，兩本「燥」。盧云「熮」，俗「燥」字。

弟八

䖘。音狗竇。

兩本同。盧云宋本誤作「音湯」。今案：「䖘」，左傳作「菟」，音塗。曹憲音「竇」，

「竇、徒」聲轉。

注伯都事抑虎説。

戴云「抑」字乃「神」之訛，大典及曹本作「神」，其上仍當脱一「見」字。盧从宋本作「神」。

鷙

盧同，戴「㲉」。「音顧」，兩本从宋本、曹本作「音狗竇」。劉云「音顧」二字當在上「央富反」下，「音狗竇」三字當衍。

鴟鳴

兩本同。盧云各本誤「鳴鳴」。

注亦倮。

「亦」，兩本「赤」不誤。

注罪禍。

「禍」，兩本「謫」，均未出校語。今案：似以作「謫」爲是。

鶡鳩

「鶡」，兩本「鵅」，盧云俗本「鶡」，今从宋本。

或謂鷄鳩

盧同。戴「謂」下增「之」字，與前後句例同。

鶡鳸

戴改「鴘」，各本誤「鶡」，又誤連下「鳸」字，今改正。下條正文「尸」字，戴改旁注「鳸」下，盧从。

鶝鴀。福、不兩音。

「鴀」，戴同。「不」作「丕」。盧云各本「鴀」，今从宋本改「鴀」，音丕。

注 纚紝。

「紝」，戴同，盧「紝」〔一〕。

蜮。音或。

戴同，盧「音域」。

𨏔

戴「𠐣」。盧：「𨏔」即「𠐣」省文。

〔一〕 盧實亦作「紝」。

熾蠌。 注軄墨。

兩本「職」。「軄」，俗字。

鶬鴚

「鶬」，盧同，戴作「倉」。

女鴎

「鴎」，盧同，戴作「匠」。

自關而東

兩本云四字重出。注「寗玦」，兩本「甯」，李本「寍」。

懱爵。 注言懱截也。

戴同。盧云各本同，今从宋本改「鸛」；「言懱𢧵也」四字不可曉[一]；「言」，或「音」字之誤也，衍。劉云「懱截」言小也。

創鶊

戴「倉庚」，盧「鶬鶊」，云俗本誤「創」，今从宋本。

[一] 𢧵，同「截」。

鷺。 音指辟。

兩本同。李本「指」作「挾」，未曉。

蜇〔一〕

盧同。戴作「蜥」，與下文郭注同「蜥」。

蛤解。 注 江東人呼爲蛤蚖。音頭頷。汝潁人直名爲蛤鸐。音解，誤聲也。

戴从曹本改「蚖」爲「蚧」，「頭」爲「頷」，「鸐」爲「解」，「解」爲「懈」。盧同，云从宋本改正。

𪖈

戴同。盧云各本「鵻」，今从宋本改「𪖈」。

秋侯子

戴據廣疋改作「鶖」，各本誤分「秋侯」二字。盧从。

〔一〕蜇，宋慶元本實作「蜇」。

弟九

戟，楚謂之釨。其曲者謂之鉤釨鏝胡。

注「即金雞鳴〔一〕，勾孑戟也」，戴云「戟」本作「戟」〔二〕，「釨、孑」古通用。盧云各本正文作「孑」，本左傳。今依宋本作「釨」，與「孑」同。「鉤、句」「鏝、曼」古通用。

鏔。 音寅。

戴云「鏔」，各本訛「鏞」。又脱「音寅」二字，宋本、大典本均有。

鄋。 余正反。

戴同。「正」，盧作「整」，云各本誤「正」，今从宋本作「整」。

五湖。 注先儒處之多亦不了。

兩本同。盧云俗本脱「處」字，「不了」二字作「有」，今从宋本。

鏦。 錯江反。

〔一〕「金」當爲「今」。

〔二〕上一「戟」字當爲「戟」。

盧同。「江」，戴作「工」，是。

其柄謂之矜。注今字作穫。

兩本同。戴云刻本「矜」訛「鈴」，大典本不誤。盧云「穫」誤从木旁。

窒

兩本「窒」不誤。

車下鐵

「鉄」，戴：各本訛「鐵」，非也。玉篇：「紩，索也。古作鉄。」「紩」本字，「鉄」叚借字。盧从。

畢。注未詳。

兩本無「未詳」二字。錢云「畢」與「縪」同，考工記鄭注：「必，讀如鹿車縪之縪。」說文：「縪，止也。」

大車

提行。兩本連上，「車」作「者」。

轊

兩本「轊」，盧云「轊」俗字。

簍。音縷。

戴同。盧云俗本「音縷」，今从宋本「音鏤」。劉云「音縷」是。

筱。音巾幗。

「幗」，兩本「幗」不誤。

篢。音脉。

「脉」，戴作「覛」，云各本多訛「脈」，从曹本改「覛」。盧从。

注尾屈。

戴同。盧案：「屈」本「虽」，俗本倒作「尾屈」，今从宋本。劉云「尾屈」是。

輈。張由反。

「張由反」三字，戴脱，盧有。

絢。注宵尒索絢。

「尒」，戴「而」，盧「爾」。

錬鏞。錬音東。

兩本作「錬」，戴據廣疋曹憲音釋「音諫」，集韻訛「錬」，收入一東。盧云「音東」者誤。

李本同。「鏞」，盧云宋本省作「鏞」，下同。「鏞」下宋本有「也」字，各本、戴本脱。

四鐮。注廉，稜也。

各本脱「也」字，宋本有。「廉」，盧同，戴作「鐮」，古通用。

拘腸

盧同。「拘」，戴云訛，應依廣疋改「鉤」。錢云：案釋器疏引仍作「拘」。

或謂之鈀。音葩。

戴據廣韻引有「江東呼鎞箭」五字注。盧云各本皆脱，以「箭」字屬下。

「箭其小」句

提行。兩本連上。説詳兩本。

「所以藏箭弩謂之箙」以下二句連上，「凡矛骹」至「謂之釪」以下六句均提行

兩本均連文。「𩊛」下，戴以下條「凡」爲「丸」之誤，移上作「𩊛丸」。引南匈奴傳注、左昭廿五年服注兩引方言一作「韇」，一作「櫝」爲證。盧从。

矛骹。注鈴釘。

「鈴」，戴同，盧作「鈐」，云：案説文「鈐」下云令丁也。各本誤「鈴」，今改。

錟。音聃。

戴同，盧云宋本「音冉」。

釪。音扜。

兩本同。盧云近代字書引作「釪」，「音于」，今从宋本。

「舟，自關而西謂之船」至卷末「安也」均連文

盧同。戴分「泭謂之䉶」至「之薦」爲一條，「方舟」二句爲一條，「楫謂之橈」起至末「安也」爲一條。

薦。音符。

「符」，戴作「苻」。盧云各本訛「符」，从宋本改「音箭」。

潢。注揚州人呼渡津航爲抗。荆州人呼樹。音横。

「航」，戴作「舫」，盧同。「抗」作「潢」，盧作「杭」。「樹」作「杭」，盧作「潢」。戴據廣韻訂正，盧云「杭、潢」二字宋本與廣韻正相合，戴互易之，非。補遺云梓時失於讎校所致，今正之。

䉵。音獎。

「獎」，戴與宋本同，盧「槳」。

緝

無音，盧有「音七」二字，云宋本、李本均無音，别本有。劉云當从宋本删。

艋。音六。

「六」，兩本「亦」。李本「亦」作「啚」。

舳。注今江東呼拖爲舳。

「拖」，兩本从木。

僞

盧同。戴據玉篇改「㒢」，盧不从。説詳校本。劉云作「僞」是。

仡

下同，盧并同。戴从曹本均作「扤」。盧案：「仡、扤」義同，今从衆本仍作「仡」。

弟十

媱

戴：各本訛「婬」，今訂正作「媱」，廣疋曹憲音釋「音遥」。盧同。

湘、潭。注潭音潭，一曰淫。

「潭」，戴改「譚」，「亦音淫」。盧从宋本「潭」改「覃」，「曰」改「音」。

媌，獪也。「媌」，下同

盧并同。「婟」，戴作「婚」，下同。「獪」，戴同，盧「獪」。劉云當作「獪」。

或謂之無賴

「或」，戴有，盧無。

獿。注恐恎。

戴云各本誤「恐恎」，據玉篇改「偛𢜅」。盧从。劉曰以「偛𢜅」釋「獿」字，非。

案：廣韻、集韻肴、麻兩部注并云：「㤭怓，伏態。」「伏態」蓋「狡態」之誤，「㤭」形近「恐」，「怓」形近「恎」，因誤作「恐恎」耳。㤭，口交切；怓，邱加切。「㤭」與「獿」同音，故以釋「獿」字。錢亦據殷敬順釋文訂正作「㤭怓，多智」。

嘿杘。注潛潛狡也。

戴同。盧云似衍一「潛」字。補遺：上「潛」字疑當作「言」，與下二句注一例。

崽。注「聲如宰」在句末

盧云「崽」有宰音，應移「崽」下。補遺説詳。

誺。下同

盧并同。戴作「諫」，云各本訛「誺」，據玉篇訂正。盧不从，説詳校本。注「音癡眩，此亦如聲之轉也」，戴从曹本「癡」改「癡」，盧同。「如」改「知」，盧从宋本「如」非「知」

字，乃「癡」字，以「癡」俗作「痴」而脱畫耳，戴改「知」，非是。説詳補遺。

嘖。注「皆」下二字木釘

戴从大典本，盧从宋本，均作「南鄙」。諸刻作「秦漢」，誤。

濱。注水邊也。

「也」字，戴脱，盧有。

「九嶷」注同及下二條

盧并同。「嶷」，戴均作「疑」。

䛳。注言誙䛳也。

「誙」，兩本「誣」。

嗇。下同

兩本「嗇」，戴云今作「嗇」，下即改「嗇」。盧云「嗇」本字。注「多情恨也」，「情」

兩本「惜」，盧云各本「情」誤，今从宋本改「惜」。

荆郊

兩本同。盧云「郊」疑「郢」誤。

家。下同

戴均作「宋」，盧仍「家」，下有「音寂」二字，云各本缺音，「家」字其來已古，戴改「宋」太泥，今从宋本。説詳校本。

敲。恪校反。

兩本同。盧云各本「校」作「交」，今从宋本。

役

兩本「投」，各本誤「役」，李本仍「役」。注「江東又呼撅，音黶，又音犳音豹」，「撅」，兩本作「撅」，「音黶」，以「又音犳音豹」五字爲訛。盧从宋本無此五字。戴改作「又音揞」三字，無「音黶」二字。李本仍作「江東又呼撅，音檿」。

戲。音義。

兩本「義」，盧云各本同誤「義」，今从宋本。

攓。音騫，一曰騫。

戴同。盧云各本同誤，今从宋本改作「音蹇，一曰騫」。案：「音蹇」與卷一内音合，下「一曰騫」與賈誼新書「攓」讀作騫合。

咈。音非。

兩本「音費」，戴云各本誤「音曬」，今从曹本。盧同，云从宋本。今案：此本「非」

字上半缺，疑「靡」字。注「亦皆北方常語耳」，戴云「常」諸刻訛作「通」，又脱「耳」字，从大典本。盧同。此本「耳」字不脱。

猝也

兩本「卒」。「卒、猝」同。

沭

戴「沭」。盧：「沭」音術，各本誤「沐」，今从宋本。

謂之埅

「埅」，兩本「封」。戴云各本誤「埅」，據御覽及事類賦注引改「封」。盧从。

𦙶，兄也。桂林之中謂之䵒。

盧同，戴作「䵒」。注「此音義所未詳」，「此」，戴作「皆」。盧云宋本亦作「此」，此六字舊在「兄也」下，應移句末。錢云當作「此音義皆未詳」。

䟭。 注今江南又名吃爲嚛。若葉反。

「南」，盧同。戴作「東」。「若」，戴同。盧作「苦」，云各本誤「若」，今从宋本。

𪑪。 蒲揩反。**短𪑪。** 注言𪑪偕也。

「揩」，兩本从木。「偕」，兩本「楷」。戴據廣韻正，盧从。

瘠

盧同。戴「瘠」。盧云「瘠」正字當作「瘠」，「脊」古文「𡕝」，因訛，舊本如此，仍之。

癡，騃也。

兩本提行。

惃。 注 謂迷昏也。

盧云舊本作「惃」，或是省文，非關避唐諱。兩本「惃」。「昏」，戴作「惛」。

脉

兩本「脈」，通。

茭。 恪校反。

「挍」，戴「交」。盧校云各本「交」，今从宋本作「校」。

注 六者亦中國相輕易蚩弄之言也。

「亦」字，盧有，戴同，各本皆脱。今从宋本補。

湘江

戴同，盧倒。

𨛭。 注 亦此憨聲之轉耳。

戴作「此亦」。盧云「亦此」，二字各本倒，今从宋本。劉云以从各本爲是。

莽。 嫫母反。

戴同。盧云俗本有「反」字，卷三内亦無，蓋讀如「嫫母」之「母」，今去之。

㤜

兩本「㤜」。盧云宋本「㤜」字同。

抋。 揰抋。

戴作「神祕」，諸刻訛「揰祕」。盧作「攩抋」，據列子黄帝篇張注引，以宋本「神祕」、各本「揰抋」皆誤。

南楚凡相推搏曰抋。

案：「相」，戴誤「湘」。「推」，劉、錢均从木。詳箋疏。

湧

兩本「涌」。

或謂之慫涌。

兩本「慂」。今案：此本上「慂」下「涌」。

占、伺

「伺」，各本同。盧據下文从廣疋改「覗」。劉云方言上下文互異者多不勝改。

䝯。注 亦言𥆧也。

「𥆧」，宋本同，兩本「𥊖」。盧云字書無「𥆧」，从玉篇改。

摣。以加反。

戴云各本「仄」訛「以」，據玉篇改「仄」。盧从。

弟十一

蚒蟧。貂料二音。

戴同。「料」，盧「聊」。

注 蟂蟧〔一〕。

兩本、李本同。盧云「蟂」，宋本「蠔」。補遺：李本云〔二〕，初學記引作「蝭蟧」。

蝭。音帝。

〔一〕此條應置於「蝭」條之後。

〔二〕「云」當作「同」。

盧同。戴本、李本「啼」。

蝒馬。 注 案尒疋云：「蝒馬者蜩。」

兩本「者」在「馬」上。「云」字，戴脱。

麥蚻。 注 如蟬而小，青色。今關西呼麥蠽，音癰癥之癥。

「青色」二字，盧有，戴無，改爲「音札」二字。「之癥」二字，戴有，盧無。

其嶋蜻謂之疋。

「嶋」，盧同，戴作「雌」。「疋」，兩本作「尐」。戴云各本訛「疋」，今訂正。盧从。又云「雌」，宋本「蚍」，亦作「蚩」，音咨。

「蜩蟧」三句

連上。盧同。戴「蜩蟧」一行，「蠬」一行。注「此諸蟬名」，「蟬」，盧同，戴作「蜩」。「寒蜩，蜸也」，「蜩」，戴同，盧作「蟬」。「似小蟬而色青」，戴、李均同，盧作「似蟬而小，色青」，云各本「小」字在「似」字下誤，今从宋本改正。

蛄詣

「詣」，戴、李同。盧作「諸」，云各本「詣」，尒疋疏引作「者」，皆誤，今从宋本。戴亦以「者」爲誤，而仍作「詣」。劉云盧校是也，集韻正作「蛄諸」。

螲。音室塞。

「室」，兩本「窒」。

蛬。注梁園。

「園」，兩本「國」。盧云各本「園」，今从戴本。

蚟孫。注孫，一作絲。

戴同。盧云宋本無「孫」字。

注齕肬。

「肬」，兩本「朧」，盧云舊作「肬」誤。

虰。注蛑奵。

「奵」，兩本「虰」。

「**姑螿**」一**條**

提行，兩本同。盧云俗本連上，今从宋本別爲一條。注「江東名之蛪」，「名」，盧同，戴作「謂」。「建平人呼芊子」，「芊」，盧同，戴作「蛑」。「芊即姓也」，戴同，「姓」，盧作「蛑」，各本訛「姓」，據陳氏方言類聚改正。又「音芊」二字，盧移於上條「蛑蛑」下。補遺：類聚讀爲羊，與宋本不合，應从李本「音米，芊即姓也」更正。

蟅蟒。 注蟅音近詐，亦呼虴蛨。

兩本同。盧云「近」宋本作「之」誤。「虴蛨」，俗本作「吒咟」。

蝬蝑。 注蝬音蓑，蝑音壞阻反。

注「蝬」，戴誤「从」。「蓑」，戴同，盧作「蓌」。「壞阻反」，戴作「牆沮」，盧从宋本作「思」，各本作「壞」誤。注「虴蛨」，盧同，戴據詩釋文「蛨」改「蜢」。

蠭

兩本「蠭」，下同。

⿰虫醫

戴同。盧作「蠮」，舊本「⿰虫醫」誤，字書無，今改正。

蚴蛻。 注幽悅二音。

戴同。「悅」，盧依宋本作「稅」。劉云集韻正音悅。

其大而蜜

戴同。盧云各本「蜜」下脫「者」，依宋本增。李本亦無，御覽卷九百五十所引亦無。

東脊謂之羊。 注同

「羊」，戴同。盧作「芊」，説詳校本。「脊」乃「亝」之訛，舊本并如是。劉云作「羊」是。

秦、晉之間謂之蠅。

「蠅」，戴作「羊」誤。盧作「芈」，説見前。劉云仍當从舊本作「蠅」。

埊。 注 亦言冢也。

「言」，戴同。盧作「名」。

蟦。 翡翠反。

「反」，兩本無，盧云「蟦」音翡，衍「翠」字。

蝤蠀。 猶餈兩音。

「猶」，兩本「酋」。

蚕。 注 書卷。

盧同。戴云當作「音書卷之卷」。

注 虵蛬。

戴作「地蠶」，大典本訛「肥蚉」，當从廣疋作「地蠶」。盧作「地蚕」，「蚕」亦「蠶」字。

宋本「蛬」，各本「蝵」。

蚰蜒

盧同。「蜒」，宋本「蜒」，戴同。錢云俗本「蜑」，當从宋本訂正作「蜒」。

蠡。音麗。

「麗」，兩本同。盧云宋本「音离」。劉云非。

蚨虷。注扶于二音。

兩本同，李本作「扶迂二音」。

䵶

盧據通志昆蟲略引作「䵶」，不省，戴同。「鼀蝥也。音無」，戴同。盧云俗本「音無」，今从宋本「音務」。

蛦蜍。注周公。

「周」，兩本「冏」。戴據廣疋及尒疋疏引訂正，盧同。

弟十二

爰。注音叚。

「叚」，兩本「段」。盧云宋本「音喚」，似誤。

儒輸。注猶儒撰也。

「儒」〔一〕，兩本「懦」，戴云各本誤「儒」，據荀子修身篇注訂正。盧同。説詳兩本。

菲

戴云亦作「悲」。盧依宋本改「悲」，云各本「菲」，廣疋「悲」，从之。

熙

兩本「配」，戴云各本訛「熙」，據廣疋改。盧从。

築娌。注娌作里。

盧同。築，「度六反」，戴同，云「度六反」乃類隔，改音和則「直六」。盧云俗本「直」誤「度」，今从宋本改「直」。劉以「度」爲是。

娌，耦也。

提行。戴同。盧連文。

逡，循也。

「循」，兩本「循」，盧云宋本「循」。注内「逡巡」二字，舊本、戴本在「逡」下，今移「循」下。劉云舊本不誤，盧移非。詳遺書。

〔一〕此處指注中之「儒」。

𨇤、歷

提行。戴同。盧連文。

榆、橢

兩本「揄、𡐦」，戴从廣疋改。

𥂥、歇。泄氣[一]。

「𥂥」，兩本「𥃗」。李本「歇」下作「許竭」二字。注「謂渴也」，「渴」，兩本同，李作「竭」。劉曰「泄氣」二字乃「歇」字音「泄氣」之「泄」，與涸義無干。

棁。注同

盧同。戴从手。劉云據説文从手爲是。

激。妨計反。

戴同。「妨」，盧从宋本作「匹」。劉云「妨」是，「匹」非。

牧，飤也。監、牧，察也。

兩句提行，兩本連上。

[一] 此條應置於「棁」條之後。

疋

兩本「㞢」。戴从説文、廣疋改。盧从。

屑、惟，獪也。

提行。盧同，戴連上。

效。音皎。

戴同。盧从宋本「皦」。劉云集韻引方言正作「效」。

滜

兩本「滐」，通「湊」。李本及各本誤「滜」。

嫣。居僞反。

「僞」，戴同。盧作「爲」，李同，俗本「僞」非。

偒。注同

戴作「偒」，盧作「僈」，云戴改「偒」，讀爲「爛煸」，字書所未聞，不若讀「爛僈」爲「爛漫」猶近之，「偒」即「僈」。劉曰集韻兩引並作「僈」。

謾。注 謂惠黠也。

「惠」，盧同，「惠、慧」通。戴改「慧」。

鞅、侼

提行。兩本連文。「侼」「音教」，盧同，戴「勃」。

追、未

「未」，兩本「末」。戴云各本訛「末」，从廣疋改。盧从。

注音驕怚也。

僉，夥

「怚」，兩本「怚」。盧無「也」字。

提行。兩本連文。注「故爲多，音禍」，「多」，兩本「夥」。

夸、烝。注上婬爲蒸。

「蒸」，兩本均「烝」，盧云本亦作「蒸」。

㦃。注謂憤滿也。

兩本「滿」仍「㦃」。

羫

兩本「羫」，說文唯有「羫」。

杼。注杼井。

戴从手，各本訛从木，今訂正。注「杼井」當作音「抒井」之「抒」。廣韻「杼」字注云：「渫水，俗作浮。」盧云「杼、抒」通用，宋本作「杼渫」，乃「杼渫」之誤，見廣韻。「杼井」於義甚僻。詩大雅生民篇毛傳云：「揄，抒臼也。」此甚著，胡以不引。「⿸广悤」，戴「⿸疒悤」，盧「⿸疒悤」。劉云「⿸疒悤」即「廌」之訛。盧引左傳「庶有豸乎」杜注「豸，解也」，古多借「豸」爲「解廌」之「廌」。錢氏箋疏説甚詳。

「葴、⿺辶是」一條

兩本連上。

柢

盧同。戴从手，云各本訛从木。

萃、離，時也。

「時」，兩本「待」，戴云各本訛「時」。「萃」，廣疋引作「崪」。

赤

盧同，云「赤」乃「赫」之變體，相沿已久，仍之。戴云「赫」，各本訛「⿱艹赤」。今案：「赫」省文作「赤」，故訛「⿱艹赤」。

赤，發也。

提行。兩本連上。

㫰、磑。 注皆石名物也。

兩本作「名石」，戴云依説文「磑」注乙。盧从。劉云當作「石物名」。

芡、䀎，明也。 注同

「芡」，兩本均作「芺」，戴據廣疋改，盧从。「䀎」，兩本同，戴云各本誤「眼」，據大典改，盧从。

即、圍，就。

「就」下戴補「也」字，盧从。

中。 注中宣。

「宣」，兩本「㝉」。

𥳑、蒙，覆也。𥳑，戴也。

「𥳑」提行，兩本連上，均作「卄」。注「壽」，兩本「燾」。今案：从竹非。燾，覆也。作「壽」殆脱文。

堪、輂。 音釘鍋。

兩本同。盧云宋本作「封局」。劉云應作「釘鍋」。

摇、祖，上也。祖，摇也。祖，轉也。

均提行。兩本連文。注「動摇即轉矣」，「即」，盧同，戴作「則」。

括。音活。

「活」，兩本「适」。劉云集韻引方言「音活」。

厲，今也。

提行。兩本連上。「今」，盧同，戴云「今」當爲「矜」。

鹵，奪也。

提行。兩本連上。

蒔、殖，立也。

「殖」，盧同。戴云各本誤「殖」，戴據曹本改「植」。李本同。

蒔，更也。音侍。

提行。兩本連上。「侍」，戴同。盧云俗本「音侍」，今从宋本「音恃」。李本亦「音侍」。今案：音宜在上條。

䰐。除爲反。

兩本「䰐」，戴云各本誤「髱」，説文：「䰐，髮隋也。」直追切。盧云宋本亦誤，並改爲「渠脂反」，更誤。

尾，梢也。

提行。兩本連上。

𣩯、𠎝，𠈷也。 注同音劇。

兩本「𣩯、𧮫」。「𣩯」，「音劇」，戴从曹本「音喙」。盧同，云从宋本。「𠎝」，盧「音劇」。「𠈷」即「倦」字。説詳疏證。

遵。 魚晚反。

兩本同。盧云「晚」，宋本作「偃」。

鑴、 音攜。 **餟，** 祭醊。 **餽也。** 音愧。

戴同。「鑴」，諸刻訛从金。「携」〔一〕，兩本「攜」。「祭醊」，兩本同，諸刻訛「餟」，从大典本、宋本改。「餽」即「饋」字，「音愧」，戴同，盧从宋本「音饋」。

鋘。 音映。

兩本同。戴云諸刻誤「鋘」，从大典本。盧同，从宋本。李「音影」。

〔一〕 此處「携」當爲「攜」。

扇。注扇佛。

「佛」，兩本「拂」。

曎

戴作「曎」。盧作「曎」，云本作「曎」。

藴、譖、崇也〔一〕。

三句提行。兩本連文。「譖」，兩本「譖」，戴云通「譖」，盧云即「譖」。「殄」，戴作「鑈」，各本誤「殄」，「鑈」通「彌」，據廣疋正。盧从。

憒、目，盈也。

「目」，盧同，云各本作「自」，今从宋本。戴作「自」。劉云作「自」是也。段云説文：「詯，膽氣滿聲在人上也。从言，自聲。」此「自」即「詯」之省。

攎。音攎。

兩本「盧」〔二〕。

〔一〕「崇」當爲「積」，涉上而誤。

〔二〕此言注中文字。

岑，高也。 注岑吟，峻皃。

提行。兩本連上。「吟」，兩本「崟」。

鈵、董，錮也。 注謂堅固也。

「錮」，戴作「固」，云各本誤「錮」。盧云「錮」通「固」，故注以「堅固」訓「錮」，戴説非。

扜

兩本「扝」。盧云各本訛「扜」，據説文正。

淤。 注行乎州淤之浦也。

「州」，兩本「洲」，據上林賦李注改，舊本多作「州」。

嬖。 手臂。

戴作「襞」，云各本訛「嬖」，據玉篇、廣韻改。今案：「手臂」乃音。

揣。 裳絹反。

盧同。「裳」，戴「常」。

跬。 差箠反。

盧同。「差」，戴「羌」。劉云當作「羌」。

注亦四夷通以爲号也。

「号」，兩本「號」。

注爲枚數也。

「爲」，兩本「謂」。

南楚謂之獨。注蜀猶獨耳。

「獨」，盧同。戴「蜀」。今案：注義疑作「蜀」是。

弟十三

裔、旅，末也。

提行。兩本連上。

藐，漸也。

提行。兩本連上。

躪。下「躪」，注同

「躪」，兩本均有「廾」。

抍。拯拔。注一作椒。

「抍」，兩本「抍」。「拯」，兩本「拯」。盧云「抍」，舊本作「椒」誤，今正。

貌也〔二〕

「貌」，戴衍〔三〕，盧从。

聲、腆，忘也。

「聲」，兩本「黬」。戴云「黬」，各本誤「聲」，據說文、廣疋改。盧从。

唏。靈几反。

「虚」，戴云各本誤「靈」，从曹本改。盧从宋本作「虚」。

篣。注亦名爲篣之也。

戴云「筤」，各本訛作「篣之」，从說文、廣疋改。盧从。錢云戴改非，說詳箋疏。

宵。音⿰足蕭。

戴同。盧云俗本「⿰足蕭」，宋本「蕭」。今案：字書無「⿰足蕭」字。

芒、濟，滅也。

提行。盧同。戴連上。

〔二〕此指「炖、焃、煓，⿱赤廾貌也」條。

〔三〕戴未衍「貌」字，盧衍。

魏，能也。㑥，刻也。

連文。兩本提行。「㑥」，戴云諸本訛「㑥」，从大典本改。盧从。李本正作「㑥」，與此本同。

聳。山頂反。

戴同。「頂」，盧作「項」，與卷六音同，宋本作「山拱反」。今案：卷六「反」作「也」，非音。

跌，蹷也。偃地反。

戴云各本「也」誤「反」，據玉篇訂正。盧云宋本作「徒結反」。

蕪。音務。

「蕪」，兩本同。戴云「蕪」，諸刻訛「無」，从大典本。盧「音無」，云各本、戴本作「音務」，今从宋本。

𥟖。恪穎反。

「穎」，戴并从水，盧正文从水，音从禾。劉云集韻「𥟖」从禾。

挻

盧同。戴作「埏」，謂「挻」無延音。盧不从，據説文「挻，長也」，式連切，音義并近。

錢云廣疋「擷、挻，竟也」，玉篇「擷，竟也」，玉篇「挻，長也」，「長、竟」義同。

侹

戴云「侹」即「健」，各本訛「侹」，今改「侹」。盧同。

朓説，好也。 注謂姘悅也。

「朓説」，兩本作「姚娧」。戴云各本訛「朓説」，曹本不誤，从廣疋改「姚娧」。盧从。

注「姘」，戴同，盧云「姘」於義無取，改「娃」，見卷一注「謂娃容也」，「娃悅」義正同。

憚、怛。 注心怛懷。

戴同。「懷」，盧作「懹」，云舊本誤「懷」，據卷七「憎、懹，憚也」改。

灼。 注猶云恐㷸也。

「㷸」，兩本「灼」。盧云舊本作「㷸」，字書無此字，从戴改「灼」。

𤸬。 巨畏反。

「巨」，戴同。盧作「許」，云各本「許」作「巨」，今从宋本作「許」，與前卷十二音義同。劉云集韻仍作「巨」。錢亦以作「巨」爲得。

慘，㥢也。 音湭。

「慘」，戴作「傪」，云「傪、慘」通。「湭」，戴作「酋」。盧作「遒」，各本誤「湭」，今从宋本。

慉，惡也。

提行。兩本連上。

宛。 注 謂宛樂也。言婉。

戴云「謂」或「音」之誤。盧云「言」作「音」，「音婉」乃後人所增。説詳兩本。

類，法也。

戴云已見卷七。各本無此三字，大典本、曹本有。書内重見者多，删去非。盧云宋本亦有。

懼，病也。驚也。

兩本「驚」上重「懼」字。

葯，薄也。 注 謂薄裹物也。葯猶纏也。音決的。

葯「音決的」，宋本如此。盧同。「薄也」，戴據文選射雉賦注引改「薄」爲「纏」，諸刻譌。「決的」改作音「約」，盧不从。補遺復引證「約、薄裹」可通之義，甚詳。劉氏、錢氏均以戴改非是，説詳本書。

湟，休也。

兩本「涅」，戴云各本譌「湟」，據廣疋「涅，没也」文改。盧从。錢云「休」，没水也，讀與「溺」同。玉篇：「没，溺也。」「溺」與「氼」通，是「溺」爲「氼」也。

膜

兩本「摸」，戴云各本訛「膜」，據廣疋改。盧从。

猷。注猶者。

盧同。戴作「猷」。盧云「猶」與「猷」同。

漮。注窘空皃。康或作歉。

「漮」，盧同。戴作「㝩」，云各本作「漮」。「窘空」，戴作「㝩窘」，各本訛「漮窘」。盧作「漮㝗」，从尒疋改。說詳兩本。

嘘。音譽。

兩本「音譽」，不誤。

腮。注同

兩本注作「息」。

皐。注同

兩本「鼻」。

究

兩本「充」。戴云各本訛「宂」，从廣疋改正。

藴，晠也。

兩本「蘊」，李本同「藴」。

搪，張也。 注 謂彀張也。

兩本「彀」，戴據荀子楊注正。

㩁，挌。

兩本均从木，戴云各本訛从手，曹本不誤，廣韻正从木。盧云從宋本改从木。

𣬈

兩本「䶒」。

扱。 注 扱猶級也。

「級」，兩本「汲」。戴云各本誤「級」，从説文「扱」改。盧从宋本改。李本亦誤「級」。

渶，淨也。

兩本从水。盧云舊本皆作仌，字書未見。

牧

兩本「枚」。戴據廣疋改。盧从。

黵。注赤色皃。

李本同。「色」，兩本「黑」。

恬。注恬惔安靜。

「惔」，兩本「淡」。

禔，喜也。

提行。兩本連上。

曉，嬴也。

提行。兩本連上。

黜，短也。注蹶黜，短小皃。音剟。音肬贅。

戴無「音剟」二字，餘同。「肬」作「疣」。盧云各本「音剟」，今从宋本「音肬贅」，廣韻與「拙」同音，云「倔黜，短皃」，餘同。錢疏甚詳。

隑。剴切。注音剴切也。

戴無上「剴切」二字，注同。盧移「音剴切」三字「隑」下，删「音剴切也」四字。補遺並删「音」字。

迒，迹也。

提行。兩本連上。

依，禄也。

提行。兩本連上。

腻，腯也。音滕，亦妟。

「腻」，戴作「眡」。「妟」作「突」。盧作「腻」，餘同。補遺云各本誤从日，李本不誤。劉云當作「眡」。

蹻。注言跳蹻也。音藥。

戴云廣韻有「蹻」字，與「躍」同音。「言」，戴亦作「音」，與下「音」字重，蓋後人所加。盧云各本「言」誤「音」，今从宋本。

䀉。注猶䖘也。

戴作「䖘」，云各本多誤「䖇」，曹本不誤，玉篇、廣韻、廣疋並有「䖘」字。盧云「䖇」不必定作「䖘」，隸書「摅、據」可通。

膢

盧同。戴作「艛」，「膢」即「艛」。

捭

兩本「埤」，各本誤从手，戴从廣疋改。盧从。

譯，見也。

提行。兩本連上。

珇，美也。

提行。兩本連上。

閻。注謂闔門也。

「闔」，兩本「開」。

靡，滅也。或作摩滅字。音糜。

「靡」，盧同，戴作「摩」。注「摩」，戴改「攠」，餘同。劉云戴改非是，當从盧本。

煬、烈，暴也。

選、延，徧也。

提行。兩本連上。

「徧」，兩本「偏」。戴云各本誤「偏」，據廣疋改「徧」。盧从。

睪。音亦。

「睪」，兩本「睪」，同。「音亦」，盧云宋本「音釋」非。今按：此本正「音亦」。

噎、臨，昭也。

戴云各本「照」誤「昭」，从廣疋改「照」。

噎，美也。

提行。兩本連上。「呼凱反」，戴同。「凱」，盧作「亥」。劉云二音同。

箪。方氏反。

戴同。「方」，盧作「必」，云俗誤「方」，今从宋本。劉云二音同。

注弓弢。

兩本「弢」不誤。

篴

兩本「篴」，同。提行，兩本屬上。

篣

兩本「篣」，字同。

篏。音都墓。

戴音「掷墓反」，各本「掷」訛「都」，脱「反」字。盧从。

箖。注盛餅筥也。趙、魏之郊謂之去箖。

「餅」，戴同。盧作「餅」，即「飯」字。俗本誤「餅」，今从宋本改正。「去」，兩本作「笶」。戴云曹本「笶」。盧云各本作「去」，今从宋本。

筲。 注 今建平人呼筲。爲鞭鞘。

「爲」，盧同。戴作「音」。劉云當作「音」。錢云卷五即作「音」。

鍩。 注 廣雅作銘字。

「鍩」，戴作「鍩」，「銘」作「鉊」，各本「鍩」訛「鍩」，「鉊」訛「銘」，从廣疋正。盧从。

刁斗

戴同。盧作刀。説詳兩本。

椀謂之盞。

提行。兩本連上。

「𥁕」兩句

提行。兩本連上。「木謂之涓抉」，「木」，戴同，盧作「椀」；「涓抉」，兩本均从木，據廣疋改。注「鐲抉兩音」，「抉」，兩本「決」。今案：兩本未出校語。「抉、決」同音，何煩改字。劉云集韻引方言亦从木。

𥁕

兩本「餈」。

飥。音乇。

「乇」，戴同。盧作「託」，云俗本誤「乇」，今从宋本。

餳

「餳」，戴同。盧从昜。戴據説文「食易聲」，周禮釋文「餳，徐盈切」，食旁易者音唐。盧不从，以易聲實不相近，「徐盈」音近精，與「唐」實一聲之轉。

䴹。注⿰舟昆音。小麥麴爲䴹，即麲也。

「⿰舟昆」，戴作「⿰魚果」，「麲」作「麲」，云「⿰魚果」各本訛「⿰舟昆」，「麲」訛「麲」，今訂正。盧同，云依宋本正。劉云「䴹」，玉篇、廣韻皆作胡瓦切，戴作「⿰魚果」。「⿰魚果」，户瓦切，與「䴹」同音。

匓

兩本「⿴囗匊」。盧云舊本「匓」係沿俗體。

采

兩本「埰」。「埰」，戴云各本「采」，从曹本，與廣疋同，古通用。盧同。

廿

下同。戴作「丘」。盧作「丠」，云舊本誤「廿」，今从宋本。

注 墓猶墓也。

下「墓」字，兩本「慕」，諸刻脱此四字，从大典本補。盧从宋本補。今案：此本不脱，惟「慕」誤「墓」耳。

李序

書來肯附銅魚使

「附」，兩本作「際」，「附」字較善。

斟

盧同。戴仍誤「禁」。

補校二條

錯〔一〕

戴「鏳」。盧「鐟」。弟二「鐟」下。

〔一〕宋本實作「鐟」。

蚅。 注今名黠鬼蚅。

盧同。戴「鬼」上有「爲」字。第十三「芒也」下〔一〕。

宋本方言校勘記

〔一〕本條實在卷十。

書郭注方言後

王國維　撰

其一〔一〕

郭景純於爾雅有注有音，而注中之音則專爲今語而作，前篇既詳之矣〔二〕。其於方言，則音即在注中，體例與音義爲近。其音有爲本文作者，有爲己注作者，可一一分別之。蓋所音之字，惟見注中而不見於本文者，此音爲注作而不爲本文作，固不待言。即其字並見本文及注中，而其音在注所引今語下，則其音實兼爲注作，而不徒爲本文作。蓋注中所出之今語，本有音無字者也。景純以其音及義擬之，而以當古之厶字，故必存其音。而古語之音亦可由此音推之，固與注爾雅之旨同也。

〔一〕底本原題爲「書郭注方言後一」「書郭注方言後二」「書郭注方言後三」，本書整理時改爲「其一」「其二」「其三」，並據文意分段。

〔二〕前篇，指觀堂集林此篇前之書爾雅郭注後一文。

如卷一「好，自關而東，河、濟之間謂之媌」，注：「今關西人呼好爲媌，莫交反。」此「莫交反」之音，實音晉時關西之語。而漢時關東之語，亦從可知矣。又「虔、劉、慘、綝，殺也」，注：「今關西人呼打爲綝，音廩，或洛感反。」此音關西呼打之「綝」，而本文之「綝」亦從可知矣。卷二「遽，吴、揚曰茫」，注：「今北方通然也，莫光反。」此音晉時北方通語之「茫」，而漢時吴、揚之「茫」音亦可知矣。又「獪，楚、鄭曰蔿，或曰婚」，注：「言黠婚也。今建平人呼婚，胡刮反。」此亦音晉建平人所呼之「婚」，而漢時楚、鄭之「婚」音亦可知矣。又卷三「蘇，沅、湘之南謂之蓄」，注：「今長沙人呼野蘇爲蓄，音車轄。」又「揠，拔也」，注：「今呼拔草心爲揠，烏拔反。」又「荄、杜，根也」，注：「今俗名韭根爲荄，音陔。」又「庯謂之倯，轉語也」，注：「倯猶保倯。今隴右人名孄爲倯，相容反。」卷四「袴，齊、魯之間或謂之襱」，注：「今俗呼袴踦爲襱，音鮦魚。」卷五「蠡，陳、楚、宋、魏之間或謂之櫼」，注：「今江東通呼勺爲櫼，音羲。」又「箸筩，自關以西謂之桶檧」，注：「今俗亦通呼小籠爲桶檧，音籠冠，謂桶之音如籠。檧，蘇勇反。」又「甂，陳、魏、宋、楚之間謂之题」，注：「今河北人呼小盆爲題子，杜啓反。」又「所以注斛，陳、楚、宋、魏之間謂之篙」，注：「今江東亦呼爲篙，音巫覡。」又「扇，自關而東謂之箑」，注：「今江東亦通名扇爲箑，音篓。」又「杷，宋、魏之間謂之渠挐」，注：「今江東名亦然，諸豬反。」又

「僉，宋、魏之間或謂之度」，注：「今江東呼打爲度，音量度也。」卷六「擘，楚謂之紉」，注：「今亦以綫貫針爲紉，音刃。」卷七「茹，食也。吴、越之間，凡貪飲食者謂之茹」，注：「俗呼能鱻食者爲茹，音勝如。」又「勝，儋也」，注：「今江東呼儋兩頭有物爲勝，音鄧。」卷八「虎，江、淮、南楚之間或謂之於䖘」，注：「今江南山夷呼虎爲䖘，音狗竇。」又「貔，北燕、朝鮮之間謂之貊」，注：「今江東呼爲貊貍[一]，音丕。」又「桂林之中，守宫大而能鳴，謂之蛤解」，注：「江東呼爲蛤蚖，音頷頷。汝、潁人直名爲蛤解，音懈，誤聲也。」卷九「車枸簍，宋、魏、陳、楚之間謂之篨」，注：「今呼車子弓爲篨，音巾幗。」又「錟謂之鈹」，注：「今江東呼大矛爲鈹，音彼。」又「小舫謂之艖」，注：「今江東呼艖，小底者也，音叉。」又「短而深者謂之艀」，注：「今江東呼艖艀，音步。」又「船後曰舳」，注：「今江東呼柁爲舳，音軸。」卷十「粃，不知也」，注：「今淮、楚間語呼聲如非也。」又「物生而長大又曰瘠」[二]，注：「今俗呼小爲瘠，音薺菜。」又「顙，湘、江之間謂之顫」，注：「今建平人呼頷爲顫，音旃裘。」又「推，沅、湧、澆、幽之語或曰攩」，注：「今江東人亦名推爲攩，

[一]「江東」當作「江南」。
[二]「而」下脱一「不」字。

音晃。」卷十一「蟬，海、岱之間謂之蚑」，注：「齊人呼爲巨蚑，音技。」又「蜻蛚，楚或謂之蚟」，注：「梁國呼蚟，音鞏。」又「姑蠪謂之强蛑」，注：「建平人呼蛑子，音芊，芊即姓也。」卷十二「築娌，匹也」，注：「今關西兄弟婦相呼爲築娌，度六反。」又「㱇，傍也」，注：「今江東呼極爲㱇，音喙。」卷十三「㾊，極也」，注：「江東呼極爲㾊，倦聲之轉，巨畏反。」又「猴，本也」，注：「今以鳥羽本爲猴，音侯。」又「隑，陭也」，注：「江南人呼梯爲隑，所以隑物而登者也，音剴切也。」又「煬，炙也」，注：「今江東呼火熾盛爲煬，音恙。」又「篭，南楚、江、沔之間謂之篣」，注：「今零陵人呼篭爲篣，音彭。」又「箙，南楚謂之筲」，注：「今建平人呼筲，音鞭鞘。」又「餳謂之餹」，注：「江東皆言餹，音唐。」此諸條，以爾雅注之例推之，固皆爲注作音，而因以求方言之音者。至今語之音與古語相近而微有別，則亦著之。如卷三「蘴」注：「舊音蜂。今江東音嵩，字作菘也。」又「軫，戾也」，注：「謂了戾。江東音善。」卷八「北燕、朝鮮、洌水之間，爵子及雞雛皆謂之鷇」，注：「恪遘反。關西曰鷇，音顧。」卷十「荆之南鄙謂何爲曾」，又「或謂之訾」，注：「今江東人語亦云訾，爲聲如斯。」又「誺，不知也」，注：「音癡眩。江東曰咨，此亦如聲之轉也。」卷十一「蟬，其小者謂之麥蚻」，注：「今關西呼麥蠽，音癰瘕之瘕。」

是景純注方言時，全以晉時方言爲根據，故於子雲書時有補正。讀子雲書可知漢時方言，讀景純注並可知晉時方言。張伯松謂方言爲「縣之日月不刊之書」，景純之注亦略近之矣。乃景純爾雅、方言二注，頗爲後人所亂。爾雅注之音，爲注疏本删剟殆盡。吾鄉盧抱經學士校刊方言，世稱善本，乃分别音與注爲二，又亂其次第。嘉定錢氏箋疏從之，致令景純以晉方言注漢方言之根據全不可見，亦可謂景純之不幸也。

其二

景純注方言，全以晉時方言爲本。晉時方言，較子雲時固已有變遷，故注中往往廣子雲之説，其例有廣地，有廣言。

就廣地言之，有子雲時一方之言，至晉時爲通語者。如卷一「慧，楚或謂之䜠」，注：「他和反，亦今通語。」又「好，趙、魏、燕、代之間曰姝」，注：「昌朱反，亦四方通語。」卷二「好，青、徐、海、岱之間曰釥，或謂之嫽」，注：「今通呼小姣潔喜好者爲嫽釥。」又「遽，吴、揚曰茫」，注：「今北方通然也。莫光反。」卷三「凡草木刺人，江、湘之間謂之棘」，注：「楚詞曰『曾枝剡棘』，亦通語耳。音己力反。」又「凡飲藥、傅藥而毒，東齊、海、岱之間謂之眠，或謂之眩」，注：「眠眩亦今通語耳。」又「南楚物空盡者曰鋌。鋌，賜也」，注：「亦中國之通語也。」卷五「牀，其杠，南楚之間謂之趙」，注：「趙當作桃，聲之轉也。中國亦呼杠爲桃牀，皆通語也。」卷六「視，吴、揚曰略」，注：「今中國亦云目略。」卷七「澀，趙曰杜」，注：「今俗語通言澀如杜。」又「舍車，東齊、海、岱之間謂之發」，注：「今通言發寫也。」卷八「貔，關西謂之貍」，注：「此通名。」又「守宫，南楚謂之蛇醫」，注：「今所在通名蛇醫耳。」卷九「車枸簍，南楚之外謂之篷」，注：「今亦通呼篷。」卷十「沅、澧之間，使之而不肯答曰言」，注：「音茫，今中國語亦然。」又「荆、汝、江、湘之郊，凡貪而不施謂之亄」，注：「亦中國之通語。」又「愬，楚以南謂之諑」，注：「諑譖亦通語也。」又「昲、曬，乾物也。揚、楚通語也」，注：「昲音菲，亦皆北方常語耳。」又「𧬆、極，吃也，楚語也」，注：「北方通語也。」又「眠娗、脈蜴、賜施、茭媞、譠謾、㦟忚，皆欺謾之語也，楚郢以南、東揚之郊通語也」，注：「六者，中國相輕易蚩弄之言也。」又「頷，南楚謂之頷」，注：「亦今通語爾。」此皆漢時一方之語，景純時見爲通語者也。

又漢時此方之語，晉時或見於彼方。如卷一「好，自關而東，河、濟之間謂之媌」，注：「今關西人呼好爲媌。莫交反。」又「平原謂啼極無聲謂之唴哴」，注：「哴，音亮。今關西語亦然。」又「跳，楚曰𨄼」，注：「勑厲反。亦中州語。」又「獪，楚、鄭或曰婚」，注：「今建平人呼婚。胡刮反。」卷三「雞頭，北燕謂之䓈」，注：「今江東亦呼䓈耳。」又「凡草木刺人，北燕、朝鮮之間或謂之壯」，注：「今淮南人亦呼壯。」卷四「帬，自關而東或謂之䍦」，注：「音碑。今關西語然也。」卷五「蠡，陳、楚、宋、魏之間或謂之櫼」，注：「今江東通呼勺爲櫼，音羲。」又「甖，靈、桂之郊謂之瓬」，注：「今江東通呼大瓮爲瓬。」又「周、魏之間謂之甒」，注：「今江東亦呼甖爲甒子。」又「所以注斛，陳、魏、宋、楚之間謂之篙」，注：「今江東亦呼爲篙，音巫覡。」又「扇，自關而東謂之箑」，注：「今江東亦通名扇爲箑，音篓。」又「杷，宋、魏之間謂之渠挐」，注：「今江東語亦然，諾豬反。」又「篳，宋、魏之間謂之笙」，注：「今江東通言笙。」卷七「東齊、海、岱、北燕之郊，跪謂之跜跫」，注：「今東郡人亦呼長跽爲跜跫。」又「僋，自關以西，隴、冀以往，謂之賀」，注：「今江東語亦然。」卷八「貔，北燕、朝鮮之間謂之貊」，注：「江東呼爲貊貍，音丕。」又「布穀，自關而西或謂之布穀」，注：「今江東呼爲穫穀。」又「桂林之中，守宮大者而能鳴，謂之蛤解」，注：「江東人呼爲蛤蚖，音頷頷，汝、潁人直名爲蛤解，音懈，聲誤耳。」卷十「楚凡揮棄物或謂之敲」，注：「恪校反，今汝、潁間語亦然。」又「顙，湘、江之間謂之頫」，注：「今建平人呼頷爲頫，音旃裘。」又「沅、湧、澆、幽之語，推或曰攩」，注：「今江東人亦名推爲攩，音晃。」卷十一「蟬，宋、衛之間謂之螗蜩」，注：「江南呼螗蛦。」又「鼅鼄，自關而西，秦、晉之間謂之鼄蝥」，注：「今江東呼蝃蝥，音掇。」卷十三「篆，其小者，自關而西，秦、晉之間謂之箄」，注：「今江南亦名籠爲箄。」又「麴，晉之故都曰麲」，注：「今江東人呼麴爲䴭。」凡此，皆漢時一方之語，景純時見於他方者也。此廣地之二例也。

至於廣語，則亦有二例。一，今語雖與古語同，而其義廣狹迥異，或與之相涉，則亦著之。如卷一「㨆，殺也」，注：「今關西人呼打爲㨆。」又「凡物盛多謂之寇」，注：「今江東有小鳬，其多無數，俗謂之寇鳬。」又「相謁而餐，秦、晉之際，河陰之間曰𩟔䭓」，注：「今關西人呼食欲飽曰𩟔䭓。」又「毳，燕之北郊，朝鮮、洌水之間曰葉輸」，注：「今名短度絹爲葉輸也。」卷二「燕、齊之間，養馬者謂之娠」，注：「今之温厚也，音振。」卷三「庸謂之倯」，注：「倯猶保倯。即保庸。今隴右人名孏爲倯，相容反。」卷四「袴，齊、魯之間或謂之襱」，注：「今俗呼袴踦爲襱，音鮦魚。」卷五「箸筩，自關而西謂之桶檧」，注：「今俗亦通呼小籠爲桶檧，音籠冠。檧，蘇勇反。」又「僉，宋、魏之間或謂之度」，注：「今江東呼打爲度，音量度也。」卷六「擘，楚謂之紉」，注：「今亦以綫貫針爲紉，音刃。」卷七「吴、越之間，凡貪飲食者謂之茹」，注：「今俗呼能麤食者爲茹，音勝如。」卷九「車紂，自關而東或謂之曲綸」，注：「今江東通呼索爲綸，音倫。」今本奪「爲」字，从原本玉篇所引補。卷十三「筡，析也。析竹謂之筡」，注：「今江東呼蔑竹裏爲筡。」又「隑，陭也」，注：「江南人呼梯爲隑，所以隑物而登者也，音剴切也。」又「煬，炙也」，注：「今江東呼火猛熾爲煬，音恙。」此皆語同而義稍異者也。

至義同而語異者，景純亦隨時記於注中。如卷二「逞、苦、了，快也」下注：「今江東人呼快爲愃，相緣反。」卷三「東齊之間，壻謂之倩」，注：「言可借倩也，今俗呼女壻爲卒便原注：一作平使。疑平使是。是也。」又「蘇、芥，草也」下注：「或言菜也。」又「蘇亦荏也」，注：「今江東人呼荏爲菩，音魚。」又「蘴蕘，蕪菁也」下注：「今江東名爲温菘。」又「膠、譎，詐也」下注：「汝南呼欺爲讉訑，他回反，亦曰詒，音殆。」又「氾、浼、澗、洼，洿也」下注：「荊州呼潢也。」卷四「襜褕，自關以東謂之裗裾」，注：「俗名裾掖，音倔。」又「袀繵謂之襌」，注：「今又呼爲涼衣也。」又「繞衿謂之帬」，注：「俗人呼接下，江東又名下裳。」又「裪襹謂之袖」，注：「江東呼䘼，音婉。」卷五「甑」下注：「涼州呼鉹。」「炊䉛」下注：「江東呼淅籤。」「臿」下注：「江東又呼鍫刃爲鐅，普蔑反。」「橛」下注：「江東呼都。」又「槌，其横，關西曰栚」，注：「亦名校，音交。」又「簟」下注：「江東呼籧篨爲䉬，音廢。」「筕篖」下注：「江東呼笪，音靼。」「榻前几」下注：「江東謂之承。」卷八「虎」下注：「俗曰伯都。」又「北燕、朝鮮、洌水之間謂伏雞曰菢」，注：「江東呼蒀，央富反。」又「桑飛」下注：「今亦名爲巧婦，江東呼布母。」又「守宮」下注：「南陽人又呼蝘蜓。」卷九「凡矛骹細如鴈脛者，謂之鶴厀」，注：「今江東呼爲鈴釘。」又「鐏謂之釬」，注：「或名爲鐓，音頓。」又「方舟謂之潢」，注：

「揚州呼渡津舫爲杭，荆州人呼樹。」又「所以隱棹謂之槳」〔一〕，注：「江南又名爲胡人。」又「船首謂之閤閭」，注：「今江東呼船頭屋謂之飛閭是也。」卷十「棄，淮、汝之間謂之投」，注：「江東又呼擨，音厭。」又「吃或謂之𧫷」，注：「今江東又名吃爲嗹，若葉反。」卷十「蛥蚗」下注：「江東人呼蟪蟧。」又「蜩蟧謂之蠚蜩」，注：「江東呼爲蠚蠽也。」又「螳蜋謂之髦」，注：「江東呼爲石蜋，又名齕胧。」又「姑蜜謂之强蛘」，注：「江東謂之𧊧，音加。」又「蜻蛉謂之蝍蛉」，注：「江東名爲狐黎。淮南人呼螥蛜。螥音康，蛜音伊。」又「舂黍謂之蜙蝑」，注：「又名蚣蜙，江東呼虴蛨。」又「蟦蠘謂之蚇蠖」，注：「又呼步屈。」又「蠭」下注：「或呼笛師。」「蚍蜉」下注：「建平人呼蚳，音侈。」「蟦螬」下注：「亦呼當齊，或呼地蠶，或呼蟦蝖。」「蚰蜒」下注：「江東又呼蛩，音鞏。」「鼅鼄」下注：「齊人又呼社公，亦言罔工。」卷十三「盂」下注：「江東名盂曰凱，亦曰甌也。」又「屋梠謂之櫺」，注：「亦呼爲連綿。」是皆今語之異於古者，亦記之以廣異語。此廣語之二例也。

故景純注方言，全以晉時方言爲本，雖注而不域於注體焉。然則方言注中之音，實

〔一〕「槳」，宋本作「𥳑」，太平御覽卷七七一引作「槳」。

不能與注離，後人分而二之，可謂失景純之恉矣。

其三

方言一書，經戴東原、盧抱經、劉端臨三先生校訂，又段懋堂先生説文注、王懷祖先生廣雅疏證，亦時訂其譌舛。丙辰冬，余讀方言，復取諸古書，用戴氏疏證例校之，即書於戴本上。戊午冬，復檢前校，見有足訂正本文及注者，得十六事，聊書於後。

其本文之顯然誤者，如卷一：「慎、濟、曙、惄、溼、桓，憂也。自關而西，秦、晉之間，凡志而不得、欲而不獲、高而有墜、得而中亡，謂之溼。」注：「溼者，失意潛沮之名。」案：原本玉篇、荀子修身篇注，均引「溼」作「濕」。玉篇又引注「潛沮」作「慘怛」。「濕」，古人皆讀他合反，今人於志而不得、欲而不獲、高而有墜、得而中亡時，猶皆讀之如他合反之「濕」。以此一音，表彼四義，當是秦、晉舊語，自以作「濕」爲長。卷三：「膠、譎，詐也。涼州西南之間曰膠，自關而東西或曰譎，或曰膠。」案：原本玉篇、爾雅序釋文，元應一切經音義卷二，慧琳音義卷六、卷七、卷三十八，並引「謬，詐也」。疑「膠」乃「謬」之譌。説文「譎」字注「益、梁曰謬，欺天下曰譎」，即本之方言。「益、梁」即所謂涼州之西南之間。「天下」，所謂自關而東西也。是方言本作「涼州西南之間曰謬」。又原本玉篇「自關而引東西或曰謬」，是末「膠」字亦本作「謬」。廣雅：「謬、譎、詐、膠，欺也。」上三字與方言次序同，當本之方言。「膠」字或取諸他書，或後人據譌本方言羼入也。卷六：「台既，失也。宋、魯之間曰台。既，隱、據，定也。」今本分二節，上十字爲一節，下五字爲一節。案：廣雅：「隱、據，定也。」無「既」字，是張稚讓讀「宋、魯之間曰台既」爲句，義較今本分節爲長。又：「紕、繹、督、雉，理也。秦、晉之間曰紕，凡物曰督之，絲曰繹之。」原本玉篇引「紕，理也。秦、晉之間曰雉，宋、鄭曰紕」。是今本奪「曰雉，宋、鄭」四字，於是宋、鄭語誤爲秦、晉語，而「雉」之爲何語亦不可知矣。又：「擱、劁，續也。秦、晉續折謂之擱，繩索謂之劁。」「擘，楚謂之紉。」今本自「擘」以下五字自爲一節。案：原本玉篇引「劁，續也。楚謂之紉」，洪興祖楚辭補注亦引「續，楚謂之紉」，是此二節本是一節，又衍「擘」字。王逸楚辭注：「紉，索也。」正本之方言。郭注云：「今亦以綫貫針爲紉。」義亦與「擘」無涉，而與「續」及繩索之義相近。今本蓋誤。卷十三：「扶，護也。」注：「扶挾將護。」案：原本玉篇引：「挾，護也。」郭璞曰：挾持護之也。」元應音義卷一、卷十並引「挾，護也」。廣雅語同。是本文「扶」當作「挾」，涉注「扶」字而譌。又：「無升謂之刁斗。」戴云：「無升」二字應有譌舛。案：淮南齊俗訓：「炮格生乎熱升。」北堂書鈔一三五、太平御覽七一二並引「熱升」作「熱斗」，說者以爲尉斗。漢尉斗之狀與刁斗同，今傳世漢器，其銘皆作「鐎斗」，「無升、㷉升、鐎斗」，字形皆相近，當云「鐎斗謂之刁斗」，猶爾雅云「荏菽謂之戎菽」矣。荏、戎，鐎、刁，音均相近。又「餌謂之餻」，御覽八百六十引作「餌謂之䬬」，下有注「音恙」二字。原本玉篇食部「䬬，餘障反」，引方言「餌謂之䬬」。廣韻四十七漾：「䬬，餌也。」集韻則云：「䬬，方言餌也。」又原本玉篇食部無「餻」字，大廣益會本始有之。是六朝尚無「餻」字，廣雅之「餻」字亦本作「䬬」，與方言同，均後世所追改也。此皆本文之譌舛也。

至注文亦有當訂正者。卷一「慧，秦謂之謾」，注：「言謾詑，音訑。二字疑衍。大和反。謾，莫錢又亡山反。」案：原本玉篇引：「秦、晉謂慧爲謾，郭璞曰：言詑謾也。」是舊本作「詑謾」，故先音「詑」，後音「謾」。楚辭惜往日「或詑謾而不疑」，其證也。又「烈、枿，餘也」，注：「謂烈餘也。」戴云：「烈餘當作遺餘。」盧本從之。案：原本玉篇引注作「謂殘餘也」。慧琳音義卷六十七引「蘖，即枿字。謂殘餘也」。韋昭齊語注亦云：「裂，殘也。」是注「烈餘」當作「殘餘」，戴改「遺餘」，非也。卷二「揄鋪、艦極、帗縷、葉輸，毳也」，注：「音脆，皆謂物之行蔽也。」集韻十虞引注同，戴本改「行蔽」作「扞蔽」，盧本從之。案：原本玉篇引注作「謂物之行敝者也」。是今本「蔽」字乃「敝」之譌。周禮司市注云：「害，害於民，謂物行沽者。」「沽」之言苦，不攻緻也。「行敝」猶言「行沽」矣。今人猶呼貨物之次劣者爲「行貨」，與「毳」義正合。下注言：「今名短度絹爲葉輸。」絹之短度者，正物之行敝者也。卷九「車枸簍，或謂之隆屈」，注：「尾屈。」盧據宋本改爲「屈尾」，今傳世李文授本作「尾屈」。然「尾屈」二字是音非義。高誘淮南原道訓注：「屈讀秋雞無尾屈之屈。」是「尾屈」二字乃漢、魏以來成語，故景純取以爲音。又改爲「屈尾」者非也。又「箭，其三鐮長尺六者，謂之飛䖟」，注：「此謂今射箭也。」又「内者謂之平題」，注：「今戲射箭。」案：慧琳音義卷四十五引注云：「三鐮，今箭射箭也；平題，今戲射箭也。」是「戲射」與「箭射」相對爲文。御覽三百四十九引開元文字亦有此二語，蓋即本方言注。大唐六典兵部員外郎職：「凡應舉之人，有謀略才藝，平射筒射。」唐韻十一没「蛂」字注云：「箭射。」廣韻同。是古弩射之外，別有箭射，矢長尺六，較諸矢爲短，蓋如後世袖箭矣。今注奪「箭」字。卷十「翥，舉也」，注：「謂軒翥也。」案：廣雅卷一：「翥，舉也。」曹憲音曰：「方言爲署音。」又卷三：「翥，飛也。」曹曰：「方言音曙。」是注「謂軒翥也」下舊有「音署」或「音曙」二字，今本奪。又「㧙、抌，推也」，「㧙」下有「揰㧙」二字注，戴改爲「神祕」，盧改爲「攩㧙」。案：文選西京賦：「徒搏之所撞㧙。」是「揰㧙」乃「撞㧙」之譌，「揰、撞」一字也。卷十二「杼、慮，解也」，「杼」下有「杼井」二字注，戴改「杼」爲「抒」，盧復改「杼井」爲「抒渫」。案：説文「鞔」字注云：「量物之鞔，一曰抒井鞔。」是古有「抒井」語，「井」字不誤，盧改非是。此注文及後世改字之當訂正者也。

校本雖戢孴叢雜，然可紀者止此，書之以諗世之讀是書者。

經籍舊音辨證·方言郭注辨證

吴承仕 撰

自關而西，秦、晉之間凡人語而過謂之過。于果反。（卷一）〔一〕

各本並作「于果反」。承仕按：「夥、過」音近義同，因方語稍有施易，故別以「過」字擬其音耳。尋廣韻、玉篇以下，「過」字止「户果」一切，並無他音，疑「于果反」「于」應作「乎」，形近之譌也，舊籍「于、乎」二文傳寫多錯互。〔箋二九九〕

嬛，續也。嬛，火全反。（卷一）

戴震疏證本作「嬛，火金反」。錢繹箋疏曰：「各本並作『蟬』，音『火全反』是也。戴本『全』作『金』，以『火金反』爲『嬛』字之音，誤。」承仕按：各本並非，而錢説尤謬。蓋「嬛」從瞏聲，本屬寒部，自音「火全反」，廣韻以下「嬛、蠉、儇」等字並音「許緣切」，此古今承用之音，無可疑者。錢以「火全」音「蟬」，致爲疏失。〔箋三〇〇〕戴本「嬛，火金反」，

〔一〕條末卷次，底本所注不全，爲便閱讀，現予補齊。

疑刻版之譌，非戴校有誤。

凡細而有容謂之嫢，或曰徥。言徥徥也。度皆反。（卷二）**徥，行也。**徥徥，行貌。度揩反。（卷六）

卷二「或曰徥」條下戴校本無反音，茲據慶元本補。盧文弨、錢繹等以「度皆、度揩」二反下字爲誤，並改作「度指反」。承仕按：盧、錢校改非也。［箋三〇一］「是」聲雖屬支部，而曹憲廣雅音「直駭反」，類篇「徥」字列有「度皆、徒駭、直駭」三切，然則方言反語或作「度楷」，或作「度皆」，均與舊音相應，唯改作「度指」最爲無據。

南楚、江、湘之間謂之莽。嫫母。（卷三）

戴震曰：「注内『嫫母反』脱『反』字，後卷十内『莽』『嫫母反』可證此條訛脱。今訂補『反』字。」承仕按：戴説非也。嫫、母雙聲，不能作切。郭注蓋音「莽」爲嫫母之嫫。［箋三〇二］陽、侯亦得對轉，故「莽」有嫫音，説文：「模，讀若嫫母之嫫。」廣韻上聲姥部「姥」紐下姥、嫫同字。並收「莽」字，是其證。

自關而東西或曰譎，或曰膠。汝南人呼欺爲讉。訰回反。亦曰詒，音殆。（卷三）

戴校本於「回反」上補一「他」字。錢繹曰：「此注應作『讉，託回反』，『託』各本譌作『訰』，集韻、類篇『讉』並音『通回切』，與『訰回』之音正合。戴氏以『讉訰』連文，又增一『他』字，非是。」承仕按：錢説近之而未盡也，其所引篇、韻亦與本書稍有異同。尋類篇：「讉，旬爲切，言從也。又通回切，江南呼欺曰讉。」集韻支部：「讉，旬爲切，言從也。」灰部：「讀，通回切，江南呼欺曰讀。」按：篇、韻「江南」字皆「汝南」之譌，蓋本之方言郭注。據此，似類篇所據方言字作「讉」，集韻所據字作「讀」，今以文義勘之，則作「讉」爲長。[箋三〇三]方言卷一：「虔、儇，慧也。秦謂之謾。楚或謂之讉。」慧黠、欺謾音義多通，蓋「讉、譎」本爲一文。此注言「汝南」，汝南又即楚分也。然則此文郭注應云：「汝南人呼欺爲讉，原譌作「讀」。託原譌作「詑」。回反。」以篇、韻互異，則舊本已有異同，故不輒改。

秦曰瘎。音闇或湛。（卷三）

舊本如此作。戴校作「湛」[一]。注云「音闇或諶」，盧文弨據宋本删「闇或」二字。承仕按：舊本近之，盧校非也。類篇：「諶，又余廉切。」此郭注音「瘎」爲「闇」之證。盧文弨等校勘舊籍每以宋本爲斷，不能比量群書，審察聲韻，致多專輒，斯其蔽也。

䘨謂之袩。于苕、丁俠兩反，未詳其義。（卷四）

盧文弨曰：「正德本作『于苕反』，宋本作『所交反』，今從宋本。」[箋三〇四]錢繹曰：「宋本『所交反』與廣韻正同，今從之。」承仕按：盧、錢説並非也。郭注「䘨」音

[一] 湛：當作「諶」，蓋印本之誤。

「千苕反」，各本作「于」者，形近之譌，曹憲廣雅音「綃，七霄反」，類篇、集韻亦有「千遥」一切，此舊本作「千苕反」之切證。其作「所交反」者，淺人不瞭致誤之由，率以今音易之，不可從。

裺謂之襦。裺，尖劍反。（卷四）

戴本如此作。盧校從宋本作「於劍反」。承仕按：盧校近之，然「尖、於」聲形俱不相似，無緣致誤。疑「尖」爲「炎」之形譌。［箋三〇五］炎、於聲類比近，古紐有影無喻，則「裺」音「炎劍反」與「於劍反」同。

㼜，甖也。胙江反。（卷五）

盧文弨據曹憲廣雅音、邢昺爾雅疏改「胙」爲「士」。［箋三〇六］承仕按：「胙」屬從，「士」屬牀，古聲類同，不煩據改。

甀，甖也。度腄反。（卷五）

慶元本作「度睡反」。承仕按：「腄、睡」平去異，韻書亦有兩音，皆可通。［箋三〇七］

其小者謂之升甌。惡牟反，亦音憂。（卷五）

承仕按：「惡牟反」與「憂」同音。疑「亦音憂」三字當是後人所記，誤入注文。［箋三〇八］

其橫關西曰㮳，宋、魏、陳、楚、江、淮之間謂之㯂，齊部謂之持。㮳，音朕。亦名校，音

交。㨽，音帶。㨴，丁謹反。（卷五）

慶元本作「丁謹反」，戴震校本作「丁革反」。盧文弨曰：「案：『㨴』從特省聲，舊本作『丁謹反』，誤。今從戴本。」錢繹校本亦作「丁革反」，並引曹憲廣雅音「竹革反」爲證。承仕按：吕覽高注：「㧈，㨴也。」「㨴」，淮南注作「㨴」。㨴、㨴同音，本爲一字，同屬之部，自無「丁謹」之音，則作「丁革反」者近是。然玉燭寶典引「方言『齊部謂之㨴』，郭音『丁謹反』」，是舊本固作「丁謹反」矣，改「謹」爲「革」自戴氏始耳。今謂郭音「丁譁反」，舊本作「謹」者，形近之譌。戴改作「革」，雖與㨴音相應，然不得其致誤之由，近於專輒。

東齊、海、岱之間謂之䌷。相卞反。（卷五）

戴本作「相卞反」，錢本作「相卷反」，慶元本作「相主反」。［箋三〇九］承仕按：「相卞、相卷」二反同音，慶元本作「相主反」，韻部獨遠。疑戴氏以「主、卞」形近致譌，故改「主」爲「卞」耳。尋廣雅音及玉篇、廣韻等，「䌷」字並無「相主」之音，唯類篇、集韻「䌷」字有「聳取」一切，注引方言文，然則司馬光、丁度等所見方言注文蓋與慶元本同矣。不審爲舊本久譌，抑「䌷」字自有「相主」之音也？兹且依戴校録之。

聳，欲也。山項反。（卷六）　**聳，悚也。**山項反。（卷十三）

戴震曰：「『山頂反』，各本『反』譌作『也』，後卷十三有『聳』字，音『山頂反』。聳從耳，從聲，不當入迴韻，『頂』應是『項』之譌，方音入講韻耳。」〔箋三一〇〕承仕按：盧校亦改「頂」爲「項」，是也。項從工聲，工、從皆屬東部，以「項」切「聳」，不必説爲方音。曹憲廣雅音曰：「聳音竦，方言音『雙講反』。」「雙講」與「山項」正同。

挈，特也。口八反。（卷六）

承仕按：廣雅「絜，獨也」，曹憲音「古八反」。類篇、集韻：「絜，獨也。訖黠切。」與曹音同。獨無「口八」之音。疑方言舊本亦作「古八反」，形近譌作「口」耳。〔箋三一一〕否則篇、韻不合獨遺此音也。

趙、魏之郊曰佻，自山之東西曰抗，燕、趙之間縣物於臺上謂之佻。了佻，縣物貌。丁小反。（卷七）

錢繹曰：「眾經音義卷十三引：『方言云「𠄏，懸也。趙、魏之間曰𠄏」，郭璞曰：「了了，懸貌也。」』是玄應所見本『佻』作『𠄏』。」承仕按：錢説是也。類篇「佻」字引「方言云『病也』」，「了」字引「方言云『趙、魏之間曰𠄏』」，丁了切」。然則宋人所據方言亦作「𠄏」，不獨玄應所見然矣。

北燕、朝鮮、洌水之間謂伏雞曰抱。房奥反。江東呼蓲，央富反。（卷八）

盧、錢校本作「旁奥反」。承仕按：玉燭寶典引「方言郭音『房奥反』」，盧等校作「旁」，非是。

車轊。車軸頭也。于厲反。（卷九）

承仕按：錢繹校本作「於厲反」，非是。今從戴本。廣韻：「轊，于歲切。」陳澧切韻考以歲、厲爲異韻類。

誺，不知也。音癡眩。江東曰咨，此亦知聲之轉也。（卷十）

各本並作「誺」，戴震據玉篇改作「𧩹」。承仕按：來聲在之部，與郭音「癡」近，仍依舊本作「誺」。［箋三一二］

茭媞。恪校、得懈二反。（卷十）

戴校作「恪交反」，錢繹據慶元本作「恪校反」。［箋三一三］承仕按：類篇、集韻「茭」字並有「口教」一切，注引「方言『欺謾也』」，證知戴校非也。又按：「茭」訓乾芻，本無欺謾之義，上文又云「江、湘之間猶或謂之㺒」，慧黠、欺謾舊多互訓，則「茭」即「㺒」，亦即「狡」也。方言博采異語，隨取一字以象其聲，不必悉書本字，亦不盡與説文相應。媞，「得懈反」，集韻據收。

舂黍謂之𧒂蝑。𧒂音藁。蝑音墻沮反。（卷十一）

慶元本作「壞沮反」，戴校改作「墻沮反」。承仕按：爾雅釋文引郭音「才與反」，與「墻沮」同。盧校作「思沮反」，當是據廣韻改。

嗳，哀也。 嗳，哀而恚也。音段。（卷十二）

廣雅曹憲音「嗳」虎館、虎元二反，引「方言音『叚』」。戴震校方言，王念孫校廣雅，並改「叚」爲「段」，云形近之譌，錢繹等因之。承仕按：戴、王並非也。嗳、段韻近而聲類絶遠，字書、韻書亦無此音。方言音「段」，曹憲引作「叚」者，字並應作「毁」，傳寫譌作「叚」耳。「嗳」屬寒韻，對轉脂，則有「毁」音，類篇：「嗳，許元切，方言『恚也』。又虎猥切，哀也。」集韻説同。篇、韻「虎猥」一切即擬「毁」音，是其切證。戴、王以爲音「段」，亦千慮之失也。

烓，明也。 口類反。（卷十二）

桂馥曰：「爾雅釋文：『烓，字林口熲反，顧口井、烏攜二反。』郭璞於爾雅『烓』音『恚』，於方言『烓』音『口類反』，乃知『熲』爲『類』之譌，又因『口熲』轉爲『口井』。陸氏不審，輒易舊文。後人又改『耿』炯省聲爲烓省聲，舛益甚矣。」札樸卷七。承仕按：桂説非也。「烓」從圭聲，古屬支部，支、清對轉，故得「口迥」之音，説文「烓，讀若同」，既有明文。又如「徥」字訓使，轉而爲俾，「趌」訓半步，轉而爲頃，「耿」從烓聲，「鞞」讀如餅，爾雅釋文「蠯」字有「步佳、毗支、父幸、蒲鞕」等音，説文「蠯」之重文作「螷」，皆其比也。呂忱「口頬反」尚可説爲「類」字形近之譌，顧野王「口井反」，何胤「康瑩反」，何音亦見釋文。反音略同，豈亦德明所輒改耶？且「類」字本屬脂部，亦不與支部比近也。然則「口類反」爲「口頬反」之譌，較然明矣。又「耿、頬、炯、烓」四文聲近義同。

嫣，娗。 居僞反。（卷十二）

戴本作「居僞反」，盧文弨曰：「『嫣』，『居爲反』，俗本作『僞』，非。」承仕按：爲、僞平去相轉，兩皆可通，而類篇「嫣」字注云「又居僞切，方言『嫣，娗僈也』」，此舊本作「居僞反」之證。

溓，淨也。 皆冷貌也。初兩、禁耕二反。（卷十三）

各本並同。錢繹校本以「初兩、禁耕二反」爲「溓」字音。承仕按：方言郭音本以「初兩」音「溓」；以「楚耕」音「淨」，「楚」「禁」形近，故譌作「禁」。説文：「瀞，冷寒也。」方言以「淨」爲「瀞」，世説新語字又作「渹」，聲義大同。［箋三一四］郭反「楚耕」，唯平去異耳。

暟，美也。 暟暟，美德也。呼凱反。（卷十三）

盧文弨、錢繹並云「暟」音「呼亥反」，舊本作「呼凱」誤，今從宋本作「呼亥反」。承仕按：「亥、凱」同韻，無以定其是非，應並存，不應輒改。今且從戴校。

箄，篆也。方氏反。（卷十三）

盧文弨、錢繹並云：舊本作「方氏反」，今據宋本改爲「必氏反」。承仕按：「方、必」古同紐，舊來反語多用「方」，少用「必」，盧不曉音，乃以爲俗本而輒改之，郅爲疏失。

𪍿，𪎊也[一]。于八反。（卷十三）

承仕按：篇、韻「𪍿」字無「于八」之音，疑「于」應作「乎」，形近致譌。〔箋三一五〕

[一]「𪎊」當依宋本改作「𪎊」。

方言注商　附補遺

吴予天　撰

序

子雲方言，周、秦、先漢之語彙也，厥中關乎語音之轉徙者，十之八九。均言「逢」也，而關西曰「逆」，關東曰「迎」，則爲雙聲相轉，並隸疑紐也。胥謂「餘」也，而陳、鄭偁「枿」，秦、晉偁「肄」，斯乃疊韵相迻，咸屬脂類也。南楚呼疾行爲「汩」，「汩」係「蹌」之音變；見、影相迆，談轉入脂也。青、徐謂緉枝曰「薆」，「薆」即「緉」之語轉，心、精迭易，之遷入東也。諸如此類，不勝縷述。歷來注家，罕矚及此，私衷所在，輒肊斷之。箠札所得，不覺成帙。捊而次之，命曰注商。是耶非歟，殊難自必。世多鴻博，幸垂教焉。

民國癸酉，夏五，瑞安吴予天書於杭州旅次。

卷一

黨、曉、哲，知也。楚謂之黨，或曰曉。齊、宋之間謂之哲。

郭注：「黨，朗也。解寤皃。」

按：「黨」即「朗」之語轉也。朗，明也。蓋古人以光明喻知慧，而以黑暗比愚蠢：故知者謂之明，愚者謂之昧。此語詞之孳乳於懸擬者也。「黨、朗、明」疊韵，古屬陽類。述聲類以明音聲轉變之範圍，非古人之語言文字皆依韵部而推移也。而此處言古音屬某部，多據嚴可均之説文聲類。以下悉同此釋，不復一一聲明。「哲」係「知」之語轉。荀子勸學篇：「鍥而舍之，朽木不折。」大戴禮勸學「折」作「知」。此其證也。「知、哲」雙聲。

娥、𡤻，好也。秦曰娥。宋、魏之間謂之𡤻。秦、晉之間，凡好而輕者謂之娥。

盧文弨云：「説文：『嬴，从女，羸省聲。』文弨按：羸，力爲反，與盈聲殊不近。凡籯䕦瀛攍等字，未有從嬴者。『𡤻』字説文所無。廣韵以嬴爲秦姓，𡤻爲美好皃。知方言之作『𡤻』，其來已久。廣雅作『𡤻』，从女嬴不省，他書卻未見。今故從衆家本仍作『𡤻』。」劉台拱云：「按：𡤻不成字，从嬴爲是。」

按：「𡤻」原當作「嬴」。其本義即爲「好」。蓋古時流俗，女性以嬴瘦爲美，遂謂美爲嬴。若青徐海岱之間謂「好」爲「鈔」之比。見卷二。說文云：「嬴，从女，从羸省聲。」非誤。語聲之所在，即語意之所自也。盧氏謂：「籯蘡瀛攍等字，未有從羸者。」夫嬴从羸省聲，則从嬴聲之字，實等於从羸聲。盧說殊不足明說文嬴从羸省聲之誤也。後世羸嬴二字，聲類迥殊，蓋聲音轉變，愈轉愈遠也。方言字又从女者，係後人傳寫時承上文「娥」字而妄加之偏旁，此王引之經義述聞所謂「上下相因而誤」也。

憮，……牟，愛也。韓、鄭曰憮。……宋、魯之間曰牟。

戴震云：「說文：『憮，愛也。韓鄭曰憮。』『㥢，憮也。讀若侮。』『㥢、憮』蓋聲義通。……荀子榮辱篇『恈恈然，惟利飲食之見』，楊倞注：『侔侔，愛欲之貌。』方言云：『恈，愛也。宋魯之間曰恈。』『牟、恈』古通用。」錢繹云：「『牟』之言㥢也。釋詁：『㥢，愛也。』廣雅：『牟，愛也。』字通作『恈』。玉篇：『恈，貪愛也。』」

按：「牟」即「憮」之語轉。左氏宣十五年傳「仲孫蔑會齊高固於無婁」，公羊作「牟婁」。儀禮公食大夫禮「以雉兔鶉鴽」，注：「鴽，無母。」釋文：「無，音牟。」說文：「鴑，牟母也。」皆其證也。牟憮雙聲。

憖，傷也。……楚、潁之間謂之憖。

郭注：「詩曰『不憖遺一老』，亦憾傷之言也。」錢繹云：「憖者，廣雅：『憖，傷也。』」

文十二年左氏傳『兩軍之士，皆未憖也』，杜注：『憖，缺也。』釋文：『魚覲反，缺也。』説文亦引此文。正義曰：『憖者，缺之貌。今人謂缺爲憖也。』此以爲傷，傷即缺也。説文：『𪘏，缺齒也。』音五轄切。『𪘏，憖』聲義並同。」

按：説文：「憖，肎也。原作問也，據段注訂。謹敬也。一曰説也。一曰且也。从心，猌聲。」引春秋傳曰：「昊天不憖。」又曰：「兩軍之士皆未憖。」段玉裁云：「文十二年傳杜注：『憖，缺也。』釋文：『憖，魚覲反。又魚轄反。』是則憖與𪘏雙聲叚借，即方言所謂傷也。而郭注云『詩曰不憖遺一老，亦傷恨之言也』，似於文理不協。」段氏此説，蓋即錢箋之所本也。馬瑞辰云：「方言：『憖，傷也。楚、潁之間謂之憖。』攷説文『慭』字注：『楚、潁之間謂憂曰慭。』是知方言之『憖』乃『慭』字形近之譌。『傷』讀憂傷之『傷』。廣雅：『憖，憂也。』廣韻：『憖，一曰傷也。』並誤以『慭』爲『憖』。郭璞方言本已誤作『憖』，因引詩『不憖遺一老』云：『亦恨傷之言也。』誤矣！」見馬氏毛詩傳箋通釋卷二十。郝懿行云：「説文云：『楚、潁之間謂憂曰慭。』方言『慭』作『憖』，字形之誤也。」見郝氏爾雅義疏上之一。傅氏雲龍説亦同。見傅氏説文古語考補證。今按：馬、郝、傅三氏之説是也，段、錢均屬失檢！

慎、濟、䁮、惄、溼，憂也。宋、衛或謂之慎，或曰䁮。陳、楚或曰溼，或曰濟。自關而西

秦、晉之間或曰惄，或曰溼。自關而西秦、晉之間凡志而不得，欲而不獲，高而有墜，得而中亡謂之溼。或謂之惄。

郭注：「暱者，憂而不動也。溼者，失意潛沮之名。」丁杰云：「濕，舊皆作溼。案：楊倞注荀子修身篇、不苟篇引方言皆作『濕，優也』。今據此作『濕』，字當讀爲『佗合反』，今吴越語猶然。憂優古或通用。」盧文弨云：「濟者，憂其不濟也。古人語每有相反者。」劉台拱云：「案：注『不動』上當脱『目』字。」錢繹云：「慎者，廣雅：『慎，憂也。』楚辭七諫『哀子胥之慎事』，王逸注：『死不忘國，故言慎事。』是慎爲憂也。廣雅又云：『慎，恐也。』恐與憂義相近。」

按：「慎」係「勤」之轉聲。説文：「勤，勞也。从力，堇聲。」意轉而謂病爲勤。郝懿行云：「劬勞者，力乏之病也。」見爾雅義疏。説文：「瘽，病也。从疒，堇聲。」此即勤之轉注字，意轉注意——説詳拙作轉注問題之蠡測。从堇聲，當云从勤省聲，若槷从熱省聲（鄭説）之比。病即憂也。古訓病之字，亦得訓憂，訓憂之字，往往又訓病。可覆按也。於是意又轉而謂憂爲勤。禮記問喪「服勤三年」，鄭注：「勤謂憂勞。」吕氏春秋不廣「勤天子之難」，高注：「勤，憂也。」「勤」轉爲「慎」，喉舌相池之理也。「勤、慎」疊韵，古屬真類。錢説未確！「濟」，朱駿聲謂借爲「悽」。見説文通訓定聲。按：即「悽」之語轉也。説文：「悽，痛也。从心，妻聲。」淮南本經「悽愴之志」，高注：「悽愴，傷悼之貌。」廣雅釋言：「悽悽，悲也。」後漢書周黄徐姜申屠傳贊「悽悽碩人」，李注：「悽悽，饑病貌。」傷、悲、病、憂，均屬一意之引申。説文：「霽謂之窶。」朱駿聲謂「窶」即「霽」之或體。又説文：「妻，婦與夫齊也。」白虎通：「妻者，齊也。」均屬聲訓。此又「濟、悽」聲相轉之足證者。「濟、悽」疊韵，古屬脂類。盧説非是。

「瞖」係「瘖」之形近傳寫譌。「瘖」即「憯」之異體。漢書異姓諸侯表集注：「瘖，痛也。」谷永傳集注同。説文：「憯，痛也。从心，朁聲。」詩雨無正「憯憯日瘁」，鄭箋：「憯憯，憂之貌。」宋玉風賦「狀直憯悽惏慄」，注：「憯，憂也。」郭注：「瞖者，憂而不動也。」則依「潛」義而爲之説。廣韵：「瞖，閉目内思也。」又就「目、潛、憂」三義而訓釋，均不免望文生義。錢箋承郭氏及廣韵之説，謬矣！

濕之言讋也。説文：「讋，失气言也。从言，𢀜省聲。」傅毅讀若慴。」失气者，猶今言喪氣也。「志而不得，欲而不獲……」皆使人喪气而發爲嘅歎之聲則曰「讋」。「憂」其引申義也。後漢書班固傳「陸讋水慄」，注：「懼也。」懼與憂義亦近。此語詞實原始於歎聲也。「濕、讋」疊韵，古屬談類。

初别國不相往來之言也，今或同，而舊書雅記、故俗語不失其方，而後人不知，故爲之

作釋也。

郭注：「（故俗語不失其方）皆本其言之所出也。「雅」，爾雅也。（故爲之作釋）釋詁、釋言之屬。」戴震云：「雅記故俗，謂常記故時之俗。郭注『雅，爾雅也』，以爾雅對舊書，失之！」丁杰云：「漢書敘傳：『函雅故，通古今。』『故』，如詩魯故、韓故之『故』，與『詁』同。『雅』，當如郭氏解。若以『雅』爲常，下節『古雅』訓『古常』，尤不成辭。且『舊書』二字，亦不類漢人句法。」盧文弨曰：「丁説是也。『書雅』當連文。『記』，謂記載。『故』，謂訓故。『俗語』，鄉俗之語。『爲之作釋』，乃自明作此書之意。此則不當如郭氏所云耳。」劉台拱云：「按：河間獻王傳云：『獻王所得書，皆古文先秦舊書。』何云不類漢人語？且『書雅記故』成何語邪？丁、盧皆失之。戴訓雅爲常，亦非是。此當以『舊書雅記』四字爲句。『雅記』，疋記也。」

按：郭注謂「雅，爾雅也；釋，釋詁、釋言之屬」，蓋景純以爲方言本爾雅而作。故注卷十一「寒蜩，瘖蜩也」云：「此諸蟬名，通出爾雅，而多駁雜，未可詳據也。」又注「螳螂謂之髦，或謂之虰」云：「『螳螂』，蝆。『虰』義自應下屬。方言依此説，失其旨也。」又注爾雅釋詁有云：「此所以釋古今之異言，通方俗之殊語。」與方言序所謂「敀九服之逸言，標六代之絶語」意亦相承。是以邵晉涵爾雅正義云：「方言仿爾雅而作，故郭氏多引以爲證也。」清陶方琦謂「舊書雅記」即指蒼頡舊文而言。又謂：「『舊書』二字，丁云『不辭』，疑舊書之舊，乃『蒼』字之譌，蒼書即蒼頡書也。」說詳陶氏揚雄蒼頡訓纂即在方言中說。今按：舊書二字，非專指倉頡舊文而言，蓋泛言古之典籍也。「雅記」之「雅」，尤非爾雅之謂，蓋云雅言也。論語述而：「子所雅言，詩書執（埶）禮，皆雅言也。」賈子道術：「辭令就得謂之雅。」所謂「舊書雅記」者，蓋言古籍之記載，皆係雅言也。「方」，始也，本也。廣雅：「方，始也。」荀子王制：「天地者，生之始也。」楊注：「始，猶本也。」所謂「俗語不失其方」者，蓋謂方俗流語，其來有自。換言之，即俗語皆本於古之雅言。故郭氏云：「皆本其言之所出也。」「釋」，解也。非釋詁、釋言之謂也。所謂「後人不知，故爲之作釋」者，蓋言後人不知俗語乃古雅之流變，故據其所本而爲之作釋也。所以方言所紀，皆先明訓詁，後列俗語：即以雅言參釋俗語也。

懷、艐，至也。……齊、楚之會郊或曰懷。……艐，宋語也。

郭注：「（艐）古屆字。」

按：「懷」係「逮」之語轉。說文：「逮，唐逮，及也。从辵，隶聲。」「懷、逮」疊韵，古屬脂類。

「艐」，說文云：「船著沙不行也。从舟，㚇聲。讀若荤。」段玉裁云：「釋詁、方言皆曰『艐，至也』，不行之義之引申也。」按：不行未必爲至。𡕝，斂足也。語聲之所在，即語義之所自。船著沙不行，是阻於沙不得行，非到岸之謂也。則艐之訓至，未可以本義釋也。朱駿聲則謂字借爲「奏」，云：「爾雅釋詁『艐，至也』，孫注：『古屆字。』方言『艐，至也』，郭注：『古屆字。』按：『凷、𡕝』聲隔，屆義非屆音也。孫、郭失之。」按：謂字借爲「奏」，亦未盡然。蓋宋謂至爲艐，「艐」即「至」之轉音。舌迻爲齒，脂轉入東也。

皆古雅之別語也。

郭注：「雅，謂風雅。」

按：「雅」，亦爲雅言之雅。「古雅之別語」，即謂古昔雅言之流別也。

虔、劉、慘、㨆，殺也。……晉、魏、河内之北謂㨆曰殘。楚謂之貪。南楚、江、湘之間謂之歁。

郭注：「（㨆）今關西人呼打爲㨆。（歁）言欺㨆難猒也。」

按：原本玉篇欠部引：「江湖之間，謂貪㑣曰欿。郭璞曰：『欿㑣難猒也。』」是舊本「㨆」作「㑣」，蓋後人因注偁「關西人呼打爲㑣」乃妄改從手，且并正文亦改之。說文云：「河内之北，謂貪曰㑣。」許君亦本之揚雄書。說詳陶方琦蒼頡篇補輯敘。則「㨆」之原作「㑣」可知矣。「歁」亦當作「欿」。此字蓋曾經人仍「殺」字義而妄改爲「欺」，俗本注

「欿」字亦譌爲「欺」可證。後又有人承「貪」義而易爲「歁」。據説文云：「歁，食不滿也。从欠，甚聲。讀若坎。」則所易似未可非。但説文又云：「欿，欲得也。从欠，臽聲。讀若貪。」是郭注「欿惏」聯言，固承説文讀也。郭訓「欿」爲「欿惏難猒」，猶「譶」訓「謗言噂譶」也。則正文「歁」、注文「欺」之當作「欿」亦明矣！今本玉篇云：「欿，口感切，貪惏曰欿。」而不云見諸方言。則方言譌舛後，重訂玉篇者以所引與方言不符而改易之。校以原本，猶有斧鑿痕。

又按：上文皆訓殺，下文率言貪，似若先後異義，其實不然。蓋太古之世，民多野蠻。殺人越貨，即謂之貪。説文云：「貪，欲物也。从貝，今聲。」據語聲之所在即語意之所自之理，貪从今聲，今無貪義。蓋从或省聲也。説文云：「或，殺也。」藉文字之結構，求語義之來原，則曰殺曰貪，意實相仍也。

棃，老也。……燕、代之北鄙曰棃。 卷十二：「棃，老也。」

郭注：「（棃）言面色如凍棃。」錢繹云：「『棃、老』一聲之轉。」

按：王引之云：「黎老者，耇老也。古『黎』與『耇』通。尚書『西伯戡黎』，大傳『黎』作『耆』見釋文。是其例也。作『黎』者，字之叚借耳。而方言郭注乃云『面色如凍棃』。案釋名：『九十曰鮐背。或曰凍棃。皮有班點，如凍棃色也。』棃凍而後有班點，與老人面色相似。若但言棃，則凍與不凍皆未可知，無以見其爲老人之面色矣。凍棃之倆，自取皮有班點。黎老之倆，自以耇耋爲義。二者絶不相涉，不得據彼以説此也。」見經義述聞通説。朱駿聲亦謂黎借爲耇，云：「『黎、耇』通寫字。」引證同上。據此，是「棃」即「耇」之語轉也。史記周本紀：「敗耇國。」正義引鄒誕生云：「耇，本作黎。」（棃、黎同聲）亦其證也。「棃、耇」疊韻，古屬脂類。

碩、沈、巨、濯、訏、敦、夏、于，大也。齊、宋之間……凡物盛多謂之寇。……自關而西秦、晉之間凡人語而過謂之過。……東齊謂之劒，或謂之弩。弩，猶怒也。……荆、吴、揚、甌之郊曰濯。

盧文弨云：「案『陳鄭之間曰敦』至末，當接前『曰巨曰碩』之下爲一條；中間『凡物盛多謂之寇』至『弩猶怒也』，當提出别爲一條。舊本皆誤。」

按：上文「碩……于，大也」皆言大，而中間「寇、過、夥、僉……」率言多。蓋古人言「多」與「大」不甚分别。説文：「哆，張口也。从口，多聲。」穀梁僖四年傳：「于是哆然外齊侯也。」集解：「哆，寬大之意也。」淮南修務高注：「哆，讀大口之哆。」史記五帝紀：「與爲多焉。」索隱：「多，大也。」此多之有大義也。老子：「大巧若拙。」舊注：「大巧，謂多才術也。」納蘭成德渌水亭雜録云：「齊武帝曰：『學士輩不堪經國，唯大讀書耳！』此『大』字是『多』字義。」是大之有多義也。蓋古人「多、大」二語，質量、數量並施也。盧説非是。「寇」乃「夥」之轉音。蓋喉音自相轉，歌逡入侯。「夥、寇」雙聲，並屬見紐。「凡人語而過謂之過」與上「凡物盛多謂之寇」等句相承，是「過」猶甚也，多也。説文無「⿺辶禍」字，疑原作「禍」。蓋傳寫者因上文「過」字而妄加偏旁辵，若爾雅釋言「椹謂之榩」，「虔」字因「椹」字而誤加「木」之比。例詳王氏經義述聞。「⿺辶禍」實即「過」之語轉。呂氏春秋知士「太子之不仁過顒涿」，注：「過，猶甚也。」素問六元正紀大論「過者折之」，注：「過，太過也。」呂氏春秋務本「主雖過與」，注：「過，多也。」貴當「田獵之獲常過人矣」，注：「過猶多也。」「⿺辶禍」從禍聲。「禍」漢讀若果。漢書吳廣傳注引應劭「夥，音禍」可證也。「過、⿺辶禍」疊韻，古屬歌類。

「努，猶怒也。」按：「怒」疑當作「怓」。蓋後人誤以上文「人語而過」作謫過之「過」解，因妄改爲「怒」也。説文：「怓，亂也。从心，奴聲。」詩民勞：「以謹惛怓。」疏：「惛怓，其人好鄙爭，惛惛然，怓怓然。」字又與「呶」義通。説文：「呶，讙聲也。从口，奴聲。」是「人語而過，或謂之䛴」，多言之意也。

「濯」係「倬」之語轉。説文：「倬，箸大也。从人，卓聲。詩曰『倬彼雲漢』。」詩大雅毛傳：「倬，大也。」桑柔「倬彼昊天」，鄭箋：「明大皃。」他如詩文王有聲：「王公伊濯。」常武：「濯征徐國。」爾雅釋詁：「濯，大也。」諸「濯」字皆爲「倬」之語轉。「濯、倬」疊韻，古屬宵類。

嬛、蟬、⿰糹𨷲、撚、未，續也。楚曰嬛。蟬，出也。楚曰蟬，或曰未，及也。

戴震云：「廣雅：『⿰糹𨷲、剿、接、撚、未、連、似、㮚、屬、結，續也。』『⿰糹𨷲、撚、未』三字，取之此條。是自『未』以上五字，各自句絶。……『未續』，應謂欲續而未結繫，『未及』則猶有間斷。廣雅失之。『楚曰儇』三字句絶。『蟬、出』語之轉，故『蟬』又爲『出』。」錢繹云：「未者，廣雅：『未，續也。』戴氏因『未』與『續』義不相近，遂讀『未續』連文爲句，云：『未續，應謂欲續而未結繫，廣雅未亦訓續，失之。』盧氏仍其説。並非是。按上文『嬛、蟬、⿰糹𨷲、撚』四字，明訓爲『續』，則不可云未續矣。蓋末與未形相似，此『未』字本作『末』，涉下文『未及』之文，並譌爲『未』。張揖亦訓『未』爲『續』，則其譌已久。或廣雅本作『末』，而後亦誤爲『未』，莫可知也。……『楚曰蟬』者，謂楚謂出爲蟬也。『或曰未及也』者，復以申之也。」尹桐陽云：「方言一：『蟬，出也。楚曰蟬。』謂借爲咄，咄、單雙聲，在端母。」見小學定律卷二。

按：「蟬」者，「延」之轉聲也。説文：「延，長行也。从㢟，丿聲。」長行則繼續而不斷，此上文「蟬」之所以訓「續」也，長行亦即外出，此楚語之所以謂出爲「蟬」也。「蟬、延」疊韻，古屬元類。

「未」之訓「續」一則，錢氏駁戴氏之説甚當。惟謂「未」乃「末」之譌，非也。朱氏駿聲謂「未」借爲「尾」。又謂「王氏廣雅疏證疑『末』之誤字，非是」。其説頗確。按：「未」即「尾」之轉聲，唇音自相轉也。易遯卦「遯尾」，注：「尾之爲物，最在體後者也。」國策秦策「王若爲此尾」，注：「後也。」蓋古人以尾聯續於體後，而轉其意謂續爲尾。「尾」聲轉爲「未」聲，此上文「未」之所以訓續也。又意轉而謂隨人之後亦爲尾。故尾又有及義。説文：「隶，及也。从又，从尾省。又，持尾者，從後及之也。」朱駿聲云：「按隶者，手相及也。从尾省聲。」説文：「眔，目相及也。从目，从隶省，隶亦聲。」朱駿聲云：「按以目尾其後，猶孟子之『施從而瞷也』。从尾省聲，亦合。」此「尾」之有「及」義之可證者。「尾」聲轉爲「未」聲，此楚語所以謂出爲「未」，故子雲訓「及」也。説文：「及，逮也。」「逮，唐逮，行也。」「尾、未」疊韵，古屬脂類。

又按：「或曰未及也」，當以「或曰未」爲句，與上文「未，續也」相承而異義。即楚謂出爲蟬，或曰未。下「及也」二字，係文中夾注，實與「蟬，出也」同例。其不再加「未」字者，省文也。錢氏讀「未及」二字聯文，亦非是。

撏、攓、摭、挻，取也。……自關而西秦、晉之間凡取物而逆謂之籑。

郭注：「（籑）音饌。」戴震云：「『篡』，各本譌作『籑』，蓋因注内『饌』字而誤，今訂正。」盧文弨云：「『簒』，舊本誤作『籑』。又有『音饌』二字，乃後人隨字爲音，失之不審。今據爾雅釋詁：『簒，取也。』説文：『屰而奪取曰簒。』漢書衛青傳『公孫敖與壯士往簒之』，師古曰：『逆取曰簒。』今定作『簒』字，音初患反，不當音饌，故去之。」

按：原本玉篇食部引：「自關而西秦、晉之間凡取物而逆謂之蕵。」「蕵」字説文所無，儀禮郊特牲禮：「蕵者舉奠許諾……蕵有以也。」有司徹：「乃蕵如儐。」朱駿聲謂「蕵」即「籑」字之譌。是原本玉篇所引，字雖譌舛，亦可知舊本相仍皆作「籑」。戴氏易爲「簒」，本義得矣。究之，「籑」乃「簒」之叚音，似可不必改易也。至郭注音「籑」爲「饌」，實非謬誤。説文「籑」之或體作「饌」。漢書刑法志「籑二百章」，注引孟康「籑」音「撰」。（饌、撰同音。）皆其證也。盧氏謂注不當音「饌」，反失之陋矣！

釗，薄勉也。秦、晉曰釗，或曰薄。故其鄙語曰薄努，猶勉努也。南楚之外曰薄努，自關而東周、鄭之間曰勔釗，齊、魯曰勖兹。

按：「薄、勔、勖」均爲「勉」之語轉。「勉」，實从免得聲。本音讀與「兔」同。先爲舌音，後轉爲脣音，故蒼頡篇音「赴」。見玉燭寶典注引。「薄、勔、勖」，則又屬脣音自相轉也。

卷二

釥、嫽，好也。青、徐、海、岱之間曰釥，或謂之嫽。

郭注：「今通呼小姣潔喜好者爲嫽釥。」戴震云：「『釥』亦作『俏』。廣韻云：『俏醋，好貌。』俏醋雙聲形容之辭，亦方俗語也。」

按：洪頤煊云：「説文女部：『姕，婦人小物也。从女，此聲。詩曰：「屢舞姕姕。」』『妓，婦人小物也。从女，支聲。』按：『小物』當是『小弱』之譌。『姑』字注：『小弱也。一曰女輕薄善走也。一曰技蓺也。』皆與『姕、妓』義近。古人妓取歌舞，故以俏弱爲能。方言：『釥，好也。』與此『小』字義同。」見洪氏讀書叢録。予天按：洪説是也。但説文之「小物」二字，不必視爲「小弱」之譌，蓋猶後世之言「尤物」也。古人以小弱爲美，即呼好爲「小」，猶謂好爲「嬴」也。參看卷一。廣韻之「俏」，實同於説文之「娋」，許君訓爲「小小侵」，恐非本義也。是「釥、娋」之語根均爲「小」。戴説仍未了語義之所自，得洪説而益明矣！

奕、僷，容也。自關而西凡美容謂之奕，或謂之僷。宋、衛曰僷。陳、楚、汝、潁之間謂之奕。

郭注：「奕、偞皆輕麗之貌。」

按：依説文：「宋衛謂華偞偞。」李善文選注引：「自關而西凡美容謂之奕奕。」宋某氏紺珠集引郭注作：「奕奕、偞偞皆輕麗貌。」見四庫提要子部雜家引。疑舊本作：「自關而西凡美容謂之奕奕，或謂之偞偞。宋衛曰偞偞。陳楚汝潁之間謂之奕奕。」奕奕、偞偞，皆重言形況詞。姑識之以俟考。

䫉、鑠、盱、揚、䁙，雙也。南楚、江、淮之間曰䫉，或曰䁙。好目謂之順。黸瞳之子謂之矊。宋、衛、韓、鄭之間曰鑠。燕、代、朝鮮、洌水之間曰盱，或謂之揚。

郭注：「（順）言流澤也。黸，黑也。（矊）言矊邈也。（鑠）言光明也。（盱）謂舉眼也。（揚）詩曰『美目揚兮』是也。此本論雙耦，因廣其訓，復言目耳。」戴震云：「『雙』，各本譌作『隻』，注内『雙耦』。玉篇引方言：『䫉，雙也。』廣雅：『䁙，雙也。』今據以訂正。玉篇廣韵又謂雙生爲䫉。廣雅：『䫉、耦，孿也。』『雙、耦、孿，二也。』」盧文弨云：「『䫉』，説文作『瞗』。」又云：「廣韵：『膌，雙也。』各本作『䁙』，今從宋本作『𥈕』。」又『雙』各本作『隻』，戴據玉篇、廣韵定作『雙』，今從之。」

按：洪頤煊云：「䫉、鑠、盱、揚、膌五字，皆是目訓，非雙訓，注義甚迂。『雙』疑

『矆』字之譌。說文：『矆，大視也。』」朱駿聲云：「方言二：『揚，隻也。』按：『隻』者，『矆』之誤字，猶盱也。郭注『隻耦』，或改爲『雙』，皆失之。」予天按：洪、朱二氏之說是也。考揚氏全書序例，率以類從，上節言容，奕、僷，容也。此節皆言目。是「雙」顯係「矆」字形近傳寫譌，實無可疑。郭注「雙耦」，則其誤已久矣！

「顯」當爲「矏」，字之譌也。說文：「矏，目旁薄緻宀宀也。从目，臱聲。」宀宀，微密之貌。參看段氏注說文解字矏字。蓋張目視時，目旁之肉，由弛緩而微密，俗遂謂大視爲矏。係意轉也。

「⿰目⿱𠔉月」當作「朕」。俗本作「⿰月⿱𠔉月」，宋本作「⿰目⿱𠔉水」，均非也。蓋傳寫者承目義，肊加目而爲「⿰月⿱𠔉月」，後又譌作「⿰目⿱𠔉月」。宋本作「⿰目⿱𠔉水」，則又涉郭注「音滕」而誤也。盧校據宋本改易，錢箋承之，皆不可從。按：「朕」者，「瞚」之轉聲也。說文：「瞚，目數搖也。从目，寅聲。」史記扁鵲傳：「目眩然而不瞚。」注：「目動曰瞚。」視亦目動，俗遂謂視爲瞚，意實相承。清錢坫異語釋詁：「瞚，視也。潁川人謂相視爲瞚。」皆其證也。至於廣雅：「⿰舟⿱𠔉月，二也。」廣韵：「⿰舟⿱𠔉月，雙也。」均係「⿰舟賁」字之譌。說文：「⿰舟⿱𠔉月，副也。」戴氏等援以證方言之「⿰舟⿱𠔉月」，失之。周禮春官序官：「瞽，矇。」鄭注：「無目眹曰瞽。」釋文云：「本作⿰目引。」後漢書盧植傳：「無目⿰目引曰瞽。」鄭注之「眹」，係「朕」之譌。「⿰目引」則爲「瞚」之異文，説文「螾」或作「蚓」可證。説文不録，蓋漢之俗書也：此又「眹、瞚」聲相轉之可證者。

「矊」係「𥌃」之譌。説文：「𥌃，盧童子也。从目，縣聲。」段玉裁云：「方言『矊』字，當是『𥌃』字之誤。郭注釋爲『緜邈』，云『與上文同』，非也。『緜邈』可言目，而不可言眸子。盧童者，方言所謂盧童之子也。盧，黑也。……童，重也；膚幕相裹重也。子，小稱也，主謂其精明者也。居最中，如縣然，故謂之『𥌃』。」

「鑠」，洪頤煊云：「鑠，言其目光灼爍。後漢書馬援傳『矍鑠哉，是翁也』，李賢注：『東觀漢記作「矆」。』『矆、鑠』連文明其義也。」朱駿聲則謂「鑠」借爲「燿」，云：「猶言雙眸炯炯也。」予天按：視時目光鑠鑠，此上文「鑠」之所以訓「矆」也。鑠鑠者實係雙眸，此宋、衛之間之所以謂盧童子爲鑠也。意皆相承。

「盱」之訓「矆」，衆家注已詳。至朝鮮、洌水之間謂盧童子爲「盱」者，「盱」之言「烏」也。俗語聲轉也。烏，黑也。烏鳥色純黑，俗遂謂黑爲烏。爾雅釋艸：「蘾，烏蕵。」「蘞」字之譌。」陸機毛詩艸木蟲魚疏：「蘾……其子正黑如燕奧。……幽州人謂之烏服。」是烏蘾以子黑得名。説文：「鰂，烏鰂，魚也。」烏鰂腹有墨囊，遇敵則吐墨以自衛，故有烏偁。史記匈奴傳「北方盡烏驪馬」，説文：「驪馬，深黑色。」韵會：「黑色曰烏。」眸子色黑，故亦偁烏也。今瑞安俗猶呼眸子曰「眼烏」。「盱、烏」疊韵，古屬魚類。傅雲龍説文古語考補證則云：「盱借爲矊。」按：「盱、矊」聲隔，其說非是。

「揚」之訓「矆」者，「揚」之言「昜」也。説文：「昜，開也。」詩猗嗟「美目揚兮」，邱光庭云：「揚者，目開之貌。禮記『揚其目而視之』是也。」見兼明書。盧童之子謂之揚者，明眸之謂也。亦屬昜之意轉。詩野有蔓艸「清揚婉兮」，此「揚」字蓋當作「眸子」解。毛傳云「清揚眉目之間」，非是。參看馬氏毛詩傳箋通釋卷八。

又按：「䁝，……矤，矆也」以下，曰䁝曰矤，則承上文之訓詁而言視。「好目謂之順」，則專言目之美。因「矆」譌作「雙」，郭注失之於前，戴氏、錢氏等復依「雙耦」之義，强事尋譯，誤也。自「黸童之子」以下，曰鑠，曰盱，曰揚，皆言眸子。説文：「朝鮮謂盧子曰盱。」舉一反三，則下文「鑠」與「揚」亦言眸子可知。與上文所列同音同字而異義，或屬意遷，或由聲轉，自當分别釋之，注家通作「美目」解，非也。

傀，……膞，……盛也。……傀，自關而西秦、晉之間語也。

郭注：「（傀）言瓌瑋也。（膞）膞咽充壯也。」劉文錦云：「按：今關中謂肥盛曰傀偉。傀，音渠惟切。……蓋古音也。」見劉氏關中漢代方言之研究。

按：「傀」係「韡」之轉音。其語根實爲「華」。卷一：「華，晠也。」説文：「華，榮也。」聲轉而若「韋」則爲「韡」。説文：「韡，盛也。从華，韋聲。」字屬聲轉注聲，説詳拙作轉注問題之蠡測。「華、韋」雙聲。「韡」聲又轉而爲「褱」，此秦、晉之間所以謂盛爲「褱」也。蓋喉音自相轉，魚轉入脂也。「褱、韡」疊韵。卷五：「鍫，宋、魏之間謂之鏵(魚)，或謂之鍏(脂)。」卷二：「䵖，黏也。……自關而東或曰䵖(脂)，或曰䵑(魚)。」又卷五：「簙謂之蔽。……秦、晉之間謂之簙(魚)，吳、楚之間或謂之蔽(脂)。」卷八：「宛野謂鼠(魚)爲䶆(脂)。」此皆魚、脂二類，聲相轉之證也。

「臏」則爲「詯」之語轉，齒遂爲脣之理也。說文：「詯，膽氣滿聲在人上。从言，自聲。」與卷十二「自，盈也」之「自」，同一語根。盛也，盈也，則屬一義之引申。

私、策、纖、莌、稺、杪，小也。自關而西秦、晉之郊梁、益之間凡物小者謂之私。……木細枝……青、齊、兖、冀之間謂之葼。燕之北鄙朝鮮、洌水之間謂之策。

劉文錦云：「按：今關中物之小者曰私，音心賄切，正古音也。或曰當爲碎字。按：『私』即『碎』之借字也。」

按：四庫全書總提要紺珠集提要有云：「今本(方言)『私、策、纖、莌、稺、杪，小也』一條，此書引作『私、纖、稺、杪、策，少也』。證之下文，『策』字本次在『杪』字下，則此書所引爲長。」

又按：「私」係「緦」之轉聲。其語根實爲「絲」。絲，物之細小者也，故意轉而謂「小」爲「絲」，字別作「緦」。「細」轉爲「私」，齒音自相轉，之迻入脂也。恖从囟聲，囟之重文作𦞤。釋名：「細，弭也。」恖、宰、弭古音並屬之類。則囟、緦之古音亦屬之類可知也。歷來談古音者，率以从囟聲字入真類，實不敢從。

「葼」，亦爲「緦」之轉音。「緦」之轉爲「葼」，猶「艘」之漢讀若「莘」也。緦葼雙聲，之東相轉也。説詳卷一「艘，至也」下。

抱嬔，耦也。荆、吴、江、湖之間曰抱嬔，或曰娩。

郭注：「耦亦匹，互見其義耳。嬔，音赴。一作嬎，追萬反。」戴震云：「注内『孚萬反』，各本『孚』譌作『追』。從曹毅之本。」盧文弨云：「『娩』俗本作『嬔』，今從宋本。下同。音赴二字，舊誤在前『耦也』注末。今按：當在『娩』字下。廣韵『娩』與『赴』同音。兔子曰娩。又孚萬切。按：説文『嬎』字在女部：『生子齊均也。从女生，免聲。』芳萬切。又『娩』字在兔部：『兔子也。娩，疾也。从女兔。』芳萬切。按：『娩』字注當本是『芳遇切』，从兔得聲。形近誤爲『芳萬切』。玉篇『娩』字下但音孚萬切。『嬎』字云『同上』。是所見已是説文誤本。廣韵『娩』在赴紐下是矣。而又出『孚萬切』一音，亦是沿説文誤本，故兩歧也。方言宋本『孚萬反』在『一作嬎』之上，亦誤。

今以音赴爲『娩』字正音，以『孚萬反』爲『嬔』字正音，庶幾得之。」又曰：「今見李孟傳本，亦是作『追萬反』。」錢繹云：「『嬔』與『娩』，音既互通，字亦可並用。此以抱嬎連文，依義當作『嬔』。其作『嬎』者，即『嬔』之或體。字則或作『嬔』，用正字也，或作『娩』，用假借字也，均無不可。盧氏據宋本改正文『嬎』爲『娩』，因倒取下文『音赴』二字爲音，又倒『一作嬎』三字於『孚萬反』之上。如此顛倒改易，終屬未安。轉改説文、玉篇『芳萬』之音爲『芳遇』，以就廣韵，尤爲謬矣！今於正文並從舊本。音『孚萬反』舊本作『追萬』，今從戴氏據宋曹毅之本改。或云俗『匹』字作『疋』，傳寫者訛爲『迮』，復訛爲『追』，與上條同。則與曹憲、陸德明、釋元應之音正合，姑存其説，俟攷。其『一作娩』三字，舊本與正文無異，誤。今定作『娩』，從赴音也。」劉台拱云：「案此文不誤，盧本改嬎作娩，以『耦也』及注移在上文『謂之臺敵』下，大非。又音義『音赴』二字，當在抱字下。『一作嬔，孚萬反』，當從宋本作『孚萬反，一作嬔』。赴本抱字之音，廣韵誤以爲娩字音，收入遇部，集韵因之，皆誤，宜删正。」

按：隋杜臺卿玉燭寶典卷二「其來主爲嬔」，注引方言：「抱嬎，耦也。」郭注曰：「『耦亦匹原譌迉。也，互見其義耳。嬎音赴。』」是舊本上下文均作「抱嬎」，盧氏依宋本改爲「娩」，錢氏等從之，非也。今本郭注「匹」字下奪「也」字；下「一作娩，追萬反」，「一作」

二字誤衍。或改「娩」爲「嬎」亦非。蓋「追萬反」即爲「娩」字从兔得聲。音，非「嬔」从勉聲。字音也。曹毅之本易「追萬」爲「孚萬」亦非也。追，當讀如今音堆（ㄉㄟ），堆萬反，即音爲「兔」、爲「脱」也。

又按：各家注頗糾結，兹從其朔言之。「嬔、娩」之語根均爲「兔」。兔疾行善逸，意轉而謂「疾速、脱離」爲「兔」。「㲋、逸」等字，皆承「疾」義而孳乳也。由脱離之意，復轉而謂子離母體爲兔。此則娩、㝃、嬎等字之所由孳乳也。説文：「娩，兔子也。从女，兔聲。」兔子者，脱子也，非兔之子也。兔子既別立名號而聲仍同兔，何必造字！亦可知兔子之當作脱子解矣。「㝃，生子免身也。从子，免聲。」生子免身，即生子脱離母體之謂也。「嬎，生子齊均也。从女，从生，免聲。」説文「勉、晚」等字皆从免聲，而無免字。按：「免」係承脱離之義而省改者，讀與兔同。（參看錢氏十駕齋養新録卷二「勉即俛字」及卷四「免與脱同義」諸條。）禮記曲禮「毋免冠」，注：「去也。」廣雅釋詁：「免，脱也。」免、去疊韻。免、脱雙聲。玉燭寶典卷二注引蒼頡篇：「嬎，子出。音妨万反。一音赴。」通俗文：「匹萬反，一時出也。」韻集：「嬎，生子齊也。」按：蒼頡篇訓「子出」，其本義也。許君訓「生子齊均」，與通俗文所謂「一時出」，蓋孿生之謂也。此引申之又一義也：是娩、㝃、嬎三字，古音義皆同。荆、吴語謂耦爲抱嬔，或曰娩，則又音自有異，蓋舌音轉爲脣音也。郭氏上音「赴」，則仍蒼頡讀，下音追（古讀ㄉㄨㄟ）萬反，即音爲「兔」爲「脱」。「赴、兔」雙聲，「兔」爲舌音，撮口合脣呼之，則爲「赴」矣。

逴，驚也。自關而西秦、晉之間凡蹇者或謂之逴。

郭注：「(逴)行略逴也。」

按：此條上下同音而異義。「逴」之訓「驚」，「逴」之言「悼」也。説文：「悼，懼也。陳、楚謂懼曰悼。从心，卓聲。」周書謚法：「恐懼從處曰悼。」國語晉語「隱悼播越」，注：「懼也。」懼驚同意，卷十三：「懼，驚也。」

儀、佫，來也。陳、潁之間曰儀。周、鄭之郊齊、魯之間曰佫。

戴震云：「儀者，儀之而來。周語：『丹朱馮身以儀之。』儀即來歸之義。」錢繹云：「廣雅：『儀、招，來也。』淮南齊俗訓『夫一儀不可以百發』，高注：『儀弩招顔也。』説文：『招，手呼也。』皆來之意也。」

按：「儀」係「假」之轉音。見説文古籀補卷二。説文：「假，至也。从彳，叚聲。」卷一：「邠、唐、冀、兖之間曰假。」儀从我得聲，古讀與我同。詩維天之命「假以溢我」，説文、廣韵並引作「誐以溢我」。此「假、誐」聲相轉，亦即「假」轉爲「儀」之證。蓋喉音自相轉，魚迻入歌也。

䵖、䵒，黏也。齊、魯、青、徐自關而東或曰䵖，或曰䵒。

郭注：「（𥜾）音日。」盧文弨云：「『𥜾』本亦作『䵒』，説文尼質切，各本音日，或音刃，皆誤。」劉台拱云：「按音日是。」

按：説文：「䵒，黏也。从黍，日聲。」或體作「𥜾」，从刃聲。據此，「音日、音刃」俱不誤，日、刃雙聲。日紐古歸泥，盧氏改音昵，錢氏改音泥，均不免多此一舉！

餬，寄也。……寄食爲餬。

按：「餬」之語根爲「胡」。説文：「胡，牛顧垂也。从肉，古聲。」爾雅釋鳥：「鵜鶘，頷下胡大數斗。」是胡即喉下含物之皮囊，牛及鵜鶘有之。寄食爲餬，含物之意之引申也。

逞、苦、了，快也。自山而東或曰逞。楚曰苦。秦曰了。

郭注：「苦而爲快，猶以臭爲香，亂爲治，徂爲存，此訓義之反覆用之是也。」錢繹云：「此條有三義：逞爲快意之快，苦爲快急之快，了爲明快之快，而其義又相通。」

按：「逞」之本義，實爲「疾行」。朱氏説文通訓定聲已言之。許君訓「通」，字叚爲「聖」也。自山而東謂快爲逞者，乃「佚」之轉聲也。廣雅釋詁：「佚，樂也。」説文：「佚，佚民也。从人，失聲。」淮南修務「非以佚樂其身也」，高注：「安也。」漢書李廣傳「其士亦佚樂之」，注：「謂閑豫也。」此語詞實出於「佚蕩」一語。説文：「泆，水所蕩泆也。」

从水，失聲。」「蕩泆」則爲雙聲聯語。倒言之，則爲泆蕩。「蕩」當讀若「易」。人之心腹寬閑者，古亦謂之泆蕩。漢書揚雄傳「爲人簡易佚蕩」，注：「佚蕩，緩也。」方言卷六：「佚愓，緩也。」析言之，則曰佚，泆、佚同音。曰愓也。詩巧言「秩秩大猷」，説文引作「戜戜大猷」。又：「𧽯，讀若詩『威儀秩秩』。」「戜、𧽯、逞」並从呈得聲，「秩、佚」並从失得聲：是皆「逞、佚」聲相轉之證。蓋「逞」古讀若「輕」，「佚」古讀若「逸」，喉音自相轉，脂迻入耕也。

苦者，郝懿行云：「『苦、快』俱以聲轉爲義也。」朱駿聲云：「『苦、快』一聲之轉，取聲不取義。與『徂、存』雙聲同。若『臭』兼香臭，自是本義。『亂』與『𢿢』別，故當訓治也。」按：郝、朱二氏之説是也。楚語謂快爲「苦」，即「快」之聲轉。猶關東謂迎爲「逆」也。脂此則喉音相迻，轉入魚也。證見卷一。「快、苦」雙聲。

𩟊、喙、呬，息也。周、鄭、宋、沛之間曰𩟊。自關而西秦、晉之間或曰喙，或曰𩟊。東齊曰呬。

按：「𩟊、喙、呬」均係「息」之語轉也。周、鄭、宋、沛之間謂息爲𩟊，可知「息、𩟊」不同聲，而「𩟊」乃「息」之語轉矣。考「𩟊」字，説文不録，漢之俗字也。蓋「息」聲轉爲「食」聲，俗遂注「食」以標聲，合成「𩟊」字。是「𩟊」當讀若「食」。詩綿篇「混夷駾矣，惟其喙矣」，説文引作「犬夷呬矣」。引詩合二句爲一句，説詳段注。此「喙、呬、息」均係一聲之轉之證也。「息、呬、喙」疊韵，「食、息」雙聲。各家注率偏於義證，而不及音聲，兹更略爲表出。

鍇、鐕，堅也。自關而西秦、晉之間曰鍇。吳、揚、江、淮之間曰鐕。

郭注：「（鍇）音皆。（鐕）音啟。」劉文錦云：「疑俗謂牢固曰結實。『結』字當作『鍇』。説文：『結，締也。』無堅意。」

按：「鍇」字説文所不録。蓋此字原作「稭」，傳寫者承上「鍇」字而妄加偏旁「金」也。「鍇、稭」並係「堅」之轉聲。今陝西謂牢固曰結實，「結」亦爲「堅」之轉聲。今瑞安則呼「堅實」。或云「堅固」，或云「牢固」。「鍇、稭、結」疊韵，古屬脂類；「堅」屬真類，脂、真對轉。盧校本改郭氏「鍇音皆」爲「音楷」，云：「舊音皆誤。」按：「鍇」从皆聲，郭音「皆」，何誤之有？必易爲「楷」，不免多事。

揄鋪、𢅡㡊、帗縷、葉褕，毳也。

郭注：「（毳）音脆。皆謂物之扞蔽也。」劉台拱云：「按：『扞蔽』集韵引作『行敝』。周禮司市『利者使阜，害者使亡』，後鄭注：『利，利於民，謂物實厚者；害，害於民，謂物行苦者。』淮南子繆稱訓『周政至，殷政善，夏政行』，高誘注：『行，尚麤也。』物以攻緻爲貴，故敝者曰行；物以精細爲貴，故麤者曰行。行猶敝也，故曰行敝。『扞』乃『行』之誤。」王國維云：「揄鋪……葉褕，毳也。注：『音脆。皆謂物之行蔽也。』集韵十虞引注同。戴本改『行蔽』作『扞蔽』，盧本從之。按：原本玉篇引注作『謂物之行敝者也』，是今本『蔽』字乃『敝』之譌。周禮司市注云：『害於民，謂物行沽者。』沽之言苦不攻緻也。『行敝』猶言行沽矣。今人猶呼貨物之次劣者爲行貨，與毳義正合。下注言『今名短度絹爲葉褕』。絹之短度者，正物之行敝者也。」

按：劉氏、王氏之說是也。考集韵八勿「帗」字注：「方言：『帗縷，毳也。』謂物之行敝。」類篇巾部「㮄」字注：「方言『楚曰艦㮄』，郭璞曰：『物之行敝。』」又「帗」字注：「方言：『帗縷，毳也。』謂物之行敝。」皆可證郭注原作「行敝」也。

翿、幢，翳也。楚曰翿。關西、關東皆曰幢。

郭注：「儛者所以自蔽翳也。」

按：「翿、幢」聲相轉。其語根實爲「冃」。說文云：「冃，覆也。」又云：「冡，覆也。」「冃」即「冡」之初文。「冃、幢」疊韵。「冃、翿」雙聲。

卷三

東齊之間聟謂之倩。

郭注：「言可借倩也。今俗呼女聟爲卒便是也。」

按：「聟」字見漢碑，係漢之俗字，从知聲，即「壻」之轉音。説文：「壻，讀若細。」蓋漢音「壻」已由魚轉入之，其轉爲聟，係齒易爲舌，之遂入支也。「倩」又爲「聟」之轉音，則屬舌遂爲齒，支、耕對轉也。郭氏「借倩」之説，則屬聲訓，蓋以「倩」爲「請」。實不足據。

斟、協，汁也。北燕、朝鮮、洌水之間曰斟。自關而東曰協。關西曰汁。

郭注：「謂和協也。或曰潘汁，所未能詳。」戴震云：「協、汁古多無别。周禮太史『讀禮書而協事』，故書協作叶。杜子春云：『叶，協也。書亦或爲汁。』鄉士『汁日』，鄭注云：『汁，合也，和也。和合枝幹善日。』釋文：『汁音協，本亦作協。』大行人『協辭命』，故書作『叶詞命』。鄭司農云：『叶當爲汁。』釋文：『叶音協。汁，之十反，叶也，又音協。』……史記張儀列傳『廚人進斟』，司馬貞索隱云：『斟謂羹汁，故名汁爲斟。』」

按：史記索隱文與此異，不知戴氏何據？盧文弨云：「按：『斟』疑本是『斟』字之誤。説文：『斟，盛也。』子入切。廣韵『昌汁切』，引字統云：『會聚也。』復古篇：『尺入切，會集之也。』皆『協、汁』義相近。然注又云『或曰潘汁』，似郭所見已作『斟』。然斟縱可爲羹汁，若施之協，不可通矣。」段玉裁云：「此兼瀋汁和叶而言，如『台、朕、賚、畀、卜、陽，予也』之例。汁液必出於和協，故其音義通也。」郝懿行云：「方言之『協汁』，當即爾雅之『協輯』也。」

按：郭注此條，游移於「和協、潘汁」二義，而不能遽斷，未免失之矜慎。依史記張儀列傳「廚人進斟」，索隱云：「斟謂羹勺，故因名羹曰斟。」羹亦汁也。是「廚人進斟」即「進汁」，而與朝鮮語合。以「斟、汁」上下互證，則「和協」之説非也。又按：「斟、協」並爲「汁」之語轉。「汁、協」疊韵，「斟、汁」雙聲。

瘼、瘽，病也。……秦曰瘎。

郭注：「音閻或湛。」盧文弨云：「正德本作『音閻或湛』，今從宋本。」錢繹云：「瘎，舊本作『音閻或湛』，盧氏據宋本删『閻或』二字，改『湛』作『諶』。按：曹憲正音諶，並與宋本合，今從之。」劉台拱云：「按：從宋本非，集韵有閻湛二音。」

按：集韻二十侵、類篇疒部並引方言作「秦、晉之間謂病曰瘎」。類篇「病」字下脱「曰」字。郭注「音閻或湛」，疑「閻」係「舀」字之譌，若卷七「𡇵」誤作「掬」之比。考説文「舀」之或體作「抌」。原作「抗」，據朱駿聲説訂。引詩「或簸或舀」，韓詩「舀」作「抌」。見釋文。説文：「抌，突擊也。从手，冘聲。」段玉裁云：「史記刺客列傳：『左手把其袖，右手揕其胸。』『揕』即『抌』字。」是「舀、冘、甚」古音皆近。據此，郭注「音閻」係「音舀」之誤明矣。又按：「湛、諶」二字，並从甚聲。从水从言，與音無關。盧校本删去「音閻」，又據宋本改「湛」爲「諶」，錢氏從之。均非。

别，治也。

戴震云：「辨别不淆紊，故爲治之義。」錢繹云：「説文：『别，分解也。』『𠔁，分也。从重八。』引孝經説曰：『故上下有𠔁。』又艸部注云：『𠔁，古文别。』𠔁與别同，解與治義相近，故解經亦謂之治經矣。」

按：孫詒讓云：「按：『别』與『辯、辨』通。説文言部：『辯，治也。』禮記鄉飲酒義注云：『辯，猶别也。』小爾雅廣言云：『辨，别也。』吕氏春秋過理篇云『實辨天下』，高注云：『辨，治也。』」見札迻卷二。予天按：孫説是也。但考諸説文：「辯，治也。从言在辡之間。」姚文田、嚴可均、朱駿聲、宋保並訂辡亦聲。説文：「辡，辠人相與訟也。」語音之所在，即語義之所自。是「辯」之詞意，蓋猶今之所謂辯訴。墨子經上：「辯，爭彼也。」賈子道術：「論物明辯謂之辯。」呂氏春秋淫辭篇「公孫龍言臧之三耳甚辯」，高誘注：「辯，說也。」許君之訓「辯」爲治者，古或借爲「辨」也。說文：「辨，判也。从刀，辡聲。」「治」其引申義也。荀子議兵「城郭不辨」，楊倞注：「辨，治也。」王霸「必將曲辨」，楊注：「理也。」義皆相承。然則「別」之訓「治」，係「辨」之語轉。「別、辨」雙聲，脂、真對轉也。

棖，法也。

郭注：「救傾之法。」

按：「棖」乃「刱」之語轉。說文：「刱，造法創業也。从井，刅聲。讀若創。」「棖、刱」疊韻，古屬陽類。

棖，隨也。

郭注：「棖柱令相隨也。」

按：「棖」之訓隨，乃「從」之轉音。蓋齒迻爲舌，東轉入陽也。

梱，就也。

郭注：「梱梱，成就貌。」劉台拱云：「按：『梱』字俱當作『稛』，『成就』當作『成孰』。」

按：「梱」係「因」之語轉。説文：「因，就也。」「梱、因」疊韵，古屬真類。

卷五

盌謂之櫂，盂謂之柯。

錢繹云：「荀子正論篇『故魯人以糖，衛人用柯』，楊倞注云：『未詳。或曰方言云：盌謂之糖，盂謂之柯。』謝氏墉校本云：『宋本荀子注糖作橈，盂作或。』是作『糖』者，淺人未檢方言之文，依正文妄改耳。」

按：「櫂」似當作「棅」。荀子楊注引方言：「盌謂之糖。」「糖」字即「棅」字形近而譌。「櫂」又係謬本方言「糖」字之譌。説文：「柄，柯也。从木，丙聲。」或體作「棅」。「柄」之初文即爲「丙」。金文作□，作□，作□，作□，作□。並見説文古籀補卷十四。丙，柄也，即下基也。許君「丙」字之説解，既不可從，朱駿聲訂爲「穴」之異文，亦謬也。茲以金文「庚」字證之：庚，辛梡角作□，女歸卣作□。見説文古籀補附録。此字訂爲「續」之古文，見下「籆，榬也」條。此係古之絡絲柎也。□象釬形。下□象柄形。説文「柄」訓「柯」，「柯，斧柄也。从木，可聲」。「柄、柯」聲相轉。「柯」字即由「柄」之聲轉而别製也。但斧之柄與形不象，實係釬也。蓋古人以器之釬或與丙聯，於是釬亦謂之柄矣。古人思維簡單，凡器物之形象相似，率施以同一之名偁。說詳劉師培數物同名說。盌之形與柄近，故方俗或謂盌爲柄也。「盌」則係「案」之轉音。說文：「案，几屬。从木，安聲。」「案」即几之別名。說文：「几，凥几也。」所凭之几，古亦謂之几。几可以凭，即可以按，故几或名「案」也。又盛黍稷方器形與几似，古亦名爲几。周禮小史「以書敘昭穆之俎簋」，鄭玄注：「故書簋或爲几。鄭司農云：『几讀爲軌。書亦或爲簋，古文也。』」是「簋」之古文亦作「几」，「几、簋」一聲之轉，簋即几之聲轉別造字。說詳拙作釋。說文：「簋，黍稷方器也。」簋，後世奉爲祭器，蓋太古之時，祭器亦即家常用器也。几或名爲案，故盛飯方器亦名爲「案」也。鹽鐵論取下篇：「從容房闈之間，垂拱持案而食。」後漢書逸民傳：「（梁鴻）妻爲具食，不敢於鴻前仰視，舉案齊眉。」亦足知「盌」即「案」之轉音矣。

几，金文作，據商父丁觶字。或作。見析子孫父丁鬲。偃之爲，象形。古家常飯器之形亦如之。又與之形亦相近，此方俗之所以或謂「盌」爲「丙」也。是「盌謂之棅」者，「棅」即「丙」之異文。「盂謂之柯」者，盌、盂同物，故或謂之「柯」，「柯」即「棅」之轉音也。「丙」古讀若「釬」（「釬、丙」聯爲一體之故也），「秉」古讀若「兼」（手執禾一束爲秉，執禾二束爲兼。所執則一，故文字有別，而語音不分。古人之思維單簡也），

「柄」之或體所以作「棅」，「棅」即「柄」之轉聲也。又「丙」本爲喉音，後轉爲脣音。「丙」承「釬」讀，則轉爲「柯」；見、溪相迻，陽轉入歌也。

閜、⿰木盪、⿸广盍，桮也。……自關而東趙、魏之間……其大者謂之閜。吴、越之間曰⿰木盪。齊右平原以東或謂之⿸广盍。桮，其通語也。

按：「閜」爲「棅」之轉音。「棅」之轉爲「閜」，亦猶「棅」之轉爲「柯」也。「⿰木盪」，疑係「棅」字之傳寫譌。蓋「棅」譌作「榶」，「楊、榶」古音近，故又譌作「楊」，好事者又承「盌、盞」等字而加「皿」，原文幾不可考矣。「⿸广盍、桮」亦並爲「棅」之轉音。蓋「棅」音轉爲脣音之後，雙脣又自相轉也。至於桮與盌及丙，形制雖有大小之不同，要之，概念則一，故均得「丙」偁也。參看上條。

箕，陳、魏、宋、楚之間謂之籮。

郭注：「(籮)⿱竹鬲亦籮屬也。形小而高，無耳。」

按：郭注承上文而言，當作「籮亦⿱竹鬲屬。形小而高，無耳。」⿱竹鬲从鬲聲，其器與鬲形近，故名亦同。鬲，卜辭作，卓林父敦作，子孫豐作，乙亥方鼎作，鬲彝作。孫詒讓云：「鬲爲鼎屬，上亦有兩耳，故甲文、金文並有耳。」見名原。據此，是⿱竹鬲有耳，籮無耳也。又類篇引方言此條，下云：「一說：江南謂筐底方上圓曰籮。」考類篇引方

言郭注中之晉時方言，往往標以「一説」，然則此殆方言郭注之脱文乎？

炊籅謂之縮，或謂之篗，或謂之𠥓。

郭注：「（縮）漉米籅也。（𠥓）江東呼淅籤。」

按：段玉裁云：「方言『篗』同『籔』，『縮』即『籔』之入聲也。」又云：「史記索隱引纂要云：『籅，淅箕也。』此注『籤』字，正『箕』之誤。今江蘇人呼淘米具曰『溲箕』是也。」予天按：段説是也。太平御覽卷七百六十引何承天纂文：「籅，淅箕也。一曰籔。魯人謂之淅囊。」亦其證也。

筕篖，自關而東周、洛、楚、魏之間謂之倚佯，自關而西謂之筕篖，南楚之外謂之篖。

郭注：「似籧篨，直文而粗。江東呼笪，音靼。」

按：「筕篖」，蓋竹簾之粗者，其作用若今之地氈。晉時江東呼爲「笪」，「笪、氈」音亦近。謂之筕篖者，筕，行也。行唐，乃古時之疊韵聯語，徘徊來往之謂也。竹簾，人常來往於其上，俗遂呼之爲行唐也。倚佯，即倘佯也。「倚、倘」聲相轉，歌、陽相迻之理也。證見上「盌謂之棅」。宋玉風賦：「倘佯中庭。」字或作「徜徉」。廣雅：「徜徉，戲蕩也。」此「筕篖」之所以又名「倘佯」也。

牀，齊、魯之間謂之簀，陳、楚之間或謂之笫。其杠，……南楚之間謂之趙。

郭注：「（簀）牀版也。（趙）『趙』當作『桃』，聲之轉也。中國亦呼杠爲桃牀，皆通語也。」

按：說文：「牀，安身之几坐也。从木，爿聲。」「牀」之初文即爲「爿」。丌亦即「几」之異文。說文：「几，尻几也。」是牀與几，古實同物同名。尻几謂之几，卧牀形與几似，故亦謂之几。齊、魯之間謂之簀，陳、楚之間或謂之笫，皆「几」聲之轉也。

又按：郭氏謂「『趙』當爲『桃』，聲之轉也」，義尚不憭。蓋南楚謂杠爲趙與晉時中國呼爲桃牀，所謂趙也、桃也均爲「蹈」之轉聲。說文：「蹈，踐也。从足，舀聲。」桃牀，即謂足所常踐蹈也。與簾名筕篖同意。今瑞安猶謂之蹈牀。「蹈」（从爪得聲）轉爲趙、爲桃，齒音自相轉，幽遂入宵也。

俎，几也。西南蜀、漢之郊曰杫。榻前几，江、沔之間曰桯，趙、魏之間謂之椸。几，其高者謂之虡。

按：俎、几形制近，俗遂呼几爲俎，故俎訓爲几。此言尻几也。榻前几，則爲所凭之几。江、沔之間曰桯者，疑「桯」係「筳」之叚音。說文：「筳，絡絲筦也。从竹。廷聲。」朱駿聲云：「按所以絡絲者，蘇俗謂之籰頭。筳即其四周挺如柵者。」是筳之形實與絡車異，蓋絡車圓，而筳方也。几形與筳似，俗即呼爲筳。「桯、筳」古音近。王念孫廣雅疏證云：「桯之言經也。横經其前也。」蓋就「桯」之或體「桱」字訓釋，恐不盡然。槌，衣架也。榻前几之形亦似之，故趙、魏之間謂之槌也。虡，鐘鼓之柎也，几之高者似之。故俗或謂几爲虡也。

籆，榬也。兖、豫、河、濟之間謂之榬。絡謂之格。

郭注：「榬音袁。所以絡絲者也。（格）所以轉籆絡車也。」段玉裁云：「按：注『籆』字蓋衍。籆即絡車也，所以轉絡車者即杘也。此與欄異物。」

按：宰椃角有字，此即「庚」之古文。朱駿聲訓庚爲絡絲柎，其説是也。就「庚」字之金文視之，則古之偁絡絲者爲「籆」或爲「榬」，可據以釋也。，乃用以絡絲者，即所謂絡車也。兩旁之，即格也。絡車或謂之籆者，籆，矍也。説文：「矍，隹欲逸去也。从，持之矍矍也。」人以手轉動絡車時，情况似之，故名爲籆也。榬之言圜也。絡車形似環，故兖、豫、河、濟之間即謂之榬也。用以轉動絡車者爲格，格之言骼也。樹枝之歧出若骨骼者，謂之格。説文訓長係引申義。懸物之鉤，則謂之「鉤格」。絡謂之格，義亦如之。

繀車，趙、魏之間謂之轣轆車，東齊、海、岱之間謂之道軌。

按：段玉裁周禮漢讀考引方言此文，斷「轣轆」爲句，於「車」字下注云：「此『車』上疑有脱文，當云『亦謂之鹿車』。」考原本玉篇糸部引方言：「繀車，趙、魏之間謂之歷鹿車。東齊、海、岱之間謂之道軌。」是「歷鹿車」三字聯言，文無脱誤。郭氏注卷九「車下鉄」一節，云：「鹿車也。」張稚讓廣雅云：「道軌謂之鹿車。」頗疑張氏有意省改，而郭氏承之也。

又按：「歷鹿」蓋以聲名。此物爲繩索牽動時，其聲歷鹿，故即名爲歷鹿也。若蜂之鳴聲醫翁，因名爲蠮螉，同理也。謂之「歷鹿車」，則又以狀似車輪，兼其形而言也。「道軌」，係「軌道」之倒語，蓋其體邊腰中陷，若軌轍也。歷鹿車，即今日所用之滑車，瑞安俗謂之輻子。

卷六

聳、聹，聾也。半聾，梁、益之間謂之聹。秦、晉之間聽而不聰、聞而不達謂之聹。……聾之甚者，秦、晉之間謂之闕。吴、楚之外郊凡無有耳者亦謂之闕。其言睽者，若秦、晉、中土謂墮耳者明也。

郭注：「(聹)言胎聹煩憒也。……(闕)言聉無所聞知也。」

按：「瞨」之言「佁」也。説文：「佁，癡貌。从人，台聲。讀若騃。」「癡，不慧也。」是「佁」爲不聰穎之偁。故耳之不聰者，亦謂之佁。梁、益謂半聾爲瞨，秦、晉謂聽而不聰、聞而不達者亦爲瞨。皆爲「佁」之語轉。郭注「胎瞨」係疊韵聯語，古屬之類。

「䫉」之言「缺」也。無耳謂之缺，聾之甚者，有耳等於無耳，故亦謂之缺。「䫉」其轉語也。「缺、䫉」疊韵，古屬脂類。

㥦、恧，慙也。……趙、魏之間謂之䀢。

錢繹云：「説文：『䀢，直視也。』讀若詩曰『泌彼泉水』。今邶風泉水篇作『毖』。釋文云：『説文作䀢。』是『毖、䀢』古通字。按：周頌小毖篇云：『予其懲而毖後患。』毛傳：『毖，慎也。』正義曰：『毖慎，釋詁文。』是毖爲慙之慎也。」

按：「䀢」之言「覕」也。説文：「覕，蔽不相見也。从見，必聲。」段玉裁云：「覕之言閟也，祕也。蔽、覕雙聲。」蓋人慙恧時，恒求隱蔽。此種態度，常見於婦人孺子。俗遂謂慙爲覕，意亦相承也。錢氏以「䀢」與「毖」古相通假，乃云「毖爲慙之慎」，實屬不辭。

謇、展，難也。齊、晉曰謇。山之東西凡難貌曰展，荆、吴之人相難謂之展，若秦、晉之言相憚矣。齊、魯曰燀。

錢繹云：「說文：『燀，炊也。』引昭二十年左氏傳曰：『燀之以薪。』魯語云『火無災燀』，韋曜注：『燀，焱起貌。』義與難亦相近。」

按：朱駿聲謂「燀」借爲「蹇」，是也。「燀、蹇」疊韵，古屬元類。錢氏依本義釋，不確。

矔，轉目也。梁、益之間瞋目曰矔，轉目顧視亦曰矔。

按：說文：「矔，目多精也。」「瞋，張目也。」用神視時，則瞳孔放大，此瞋目之所以呼爲「矔」也。轉目顧視亦曰「矔」者，係「眷」之轉音也。說文：「眷，顧也。从目，卷省聲。」詩盧令「其人美且鬈」，鄭箋：「鬈讀當爲權」。說文：「齤，讀若權。」淮南子修務訓「啳睽哆噅」，高注：「啳讀權衡之權。急氣言之。」「鬈、齤、啳、眷」並从卷聲，「權、矔」並从雚聲。此皆「矔、眷」聲相轉之證也。

騷，蹇也。……吳、楚偏蹇曰騷。

錢繹云：「廣雅：『騷，擾也』。人不靜謂之蹇，亦謂之騷，猶偏蹇謂之騷，亦謂之逴也。王氏懷祖云：『騷之言蕭也。廣雅：「蕭，衺也。」故謂偏蹇曰騷。』曲禮『凡遺人弓者，右手執簫』，鄭注云：『簫，弭頭也。謂之簫，簫，邪也。』正義曰：『弓頭梢剡差邪似簫，故爲簫也。』釋名云：『弓末曰簫，言簫，梢也。』藝文類聚引作『言蕭，邪也』。說文：

『簫，參差管，象鳳之翼。』是凡言簫者，皆偏衺之義也。」

按：說文：「騷，擾也。从馬，蚤聲。」朱駿聲云：「按謂馬擾動也。」蓋馬擾動則跳踔奔逸，其體高下起伏，跛者行亦跳踔傾斜，實有相似之處，故吴楚之人，遂謂偏蹇爲騷，是移物態以言人，猶「狀本犬形，而言人皃。臭本犬馱，而言人聞」，朱駿聲釋笑語。亦其例也。是謂蹇爲「騷」，係「騷」之語意轉變也。

怠、陁，壞也。

郭注：「謂壞落也。」

按：「怠」，係「陁」之語轉。「陁」乃「杝」之叚音。說文：「柂〔一〕，落也。从木，也聲。讀若他。」其語根實爲𠂹。說文：「𠂹，艸木葉下𠂹也。」〔二〕𠂹聲轉爲左聲則爲「隓」。說文：「隓敗城阜曰隓。从阜，差聲。」從左聲轉而爲多聲則爲「陊」。說文：「陊，落也。从阜，多聲。」從多聲轉而爲也聲則爲「杝」。從也聲轉而爲「怠」。「怠」从㠯得聲，「㠯、也（古讀若邪）」古音最近。此「怠」之所以有壞義也。壞、落則屬一意之引申。

〔一〕「柂」爲「杝」之誤。
〔二〕說文實作「艸木華葉𠂹」。

伆，離也。……吳、越曰伆。

郭注：「謂乖離也。」戴震云：「『伆』亦作『迦』。廣雅：『邈、迦、離、越，遠也。』」錢繹云：「玉篇：『伆，離也。』引博雅『斷也』，音『武粉、武勿』二切。廣雅作『刎』，曹憲音亡粉反。又云：『迦、離，遠也。』『迦』音勿。玉篇同。又音忽，楚辭九歌云：『平原忽兮路超遠。』荀子賦篇云：『忽兮其極之遠也。』『迦、忽』並與『伆』通。」

按：「伆」蓋係「佛」之或體。禮記曲禮「獻鳥者佛其首」，鄭注：「佛，戾也。」後漢書呂强傳李賢注同。法言寡見「佛乎正」，李軌注：「佛，違也。」文選非有先生論李善注引字書同。「佛」之訓違，實係「咈」之叚聲。説文：「咈，違也。从口，弗聲。」書堯典「咈哉」，某氏傳：「咈，戾也。」「違、離、戾」，意皆相承。「伆、咈」疊韵，古屬脂類。

⿳宀叉糸，取也。……自關而西曰⿳宀叉糸，或曰狙。

郭注：「狙，伺也。」

按：「⿳宀叉糸、狙」之語根皆爲「叉」。説文：「叉，手指相錯也。从又，象叉之形。」朱駿聲云：「凡歧頭之物皆曰叉。」蓋古人歧其手指以取物，亦謂之叉。「叉」聲轉而爲「且」聲，字則作「担」，作「⿰虘又」，或作「摣」。説文：「担，挹也。从手，且聲。」「⿰虘又，叉取也。从又，虘聲。」釋名釋姿容：「摣，叉也。五指俱往叉取也。」「叉」聲轉而爲「索」

聲，字則作「索」。說文：「索，入家搜也。从宀，索聲。」蓋齒音自相轉，歌迻入魚也。「狙」係「担」之叚音。郭依本義釋，錢氏承之，均未確。

絓、挈、傥、介，特也。

按：「絓、挈」均爲「介」之語轉。「絓、介」雙聲。「介、挈」疊韵。

台既，失也。宋、魯之間曰台　既隱據，定也。

按：王國維云：「廣雅：『隱、據，定也。』無『既』字。是張稚讓讀『宋、魯之間曰台既』爲句，義較今本分節爲長。」予天按：王説是也。「台既」係雙聲聯語。「台既」急言之則爲「失」。朱駿聲乃云：「失者，旡字之誤。台者，借爲齝也。」其説殊不可從。考説文云：「旡，飲食氣屰不得息曰旡。」詩桑柔「亦孔之僾」，毛傳：「僾，唈也。」爾雅釋言同。「僾」即「旡」之叚聲。今瑞安俗猶謂食噎橫隔膜振動發聲曰僾。又説文云：「齝，吐而噍也。」爾雅釋獸「牛曰齝」，郭注：「謂食之已久，復出嚼之。」蓋即近日所謂「反芻」也，是就旡、齝二字言，義亦迴異。

汩，疾行也。南楚之外曰汩。

郭注：「汩汩，急貌也。」

按：「汩」係「⿰𧾷急」之語轉。説文：「⿰𧾷急，疾行也。从足，急聲」。漢書司馬相如傳「汩漁漂疾」，注：「汩漁，急轉皃。」文選吴都賦「汩乘流以砰宕」，注：「汩，疾也。」「汩」均爲「急」之語轉。亦即「𨁸、汩」聲相轉之證也。「𨁸、汩」雙聲。

用，行也。

錢繹云：「賈誼新書大政下篇云：『士能言道而弗能行者，謂之器；能行道而弗能言者，謂之用。』是用爲行也。」

按：錢氏引新書説，實不足爲「用」訓行之證。蓋「用」之訓行，「從」之轉聲也。「從、用」疊韻，古音屬東類。

鋪頒，索也。東齊曰鋪頒，猶秦、晉言抖藪也。

郭注：「(抖藪)謂斗藪，舉索物也。」錢繹云：「鋪頒之言布班也。張衡東京賦云：『布教頒常。』皆徧賦與之義，與取正相反。然則，鋪頒之爲索，猶治謂之亂，香謂之臭。賦之爲予，授也。晉語云『賦職任功』，韋曜注云：『賦，授也。』吕氏春秋分職篇云『出高庫之兵以賦民』，高誘注云：『賦，予也。』皆是也。『抖藪』疊韻字。衆經音義卷十四引通俗文：『斗藪謂之⿱殸豕⿱殸木。』難字云：『斗擻，⿱殸豕⿱殸木也。』江南言斗擻，北人言⿱殸豕⿱殸木。律文作斗捒二形，引此注文云：『斗⿰亻數，舉也。』又卷十八引作『舉之也』。『⿰亻數』即『擻』之訛。玉篇：『抖擻，起物也。』廣韻：『抖擻，舉貌。』莊三十一年公羊傳云『臨民之漱，浣也』，何休注云：『無垢加功曰漱，去垢曰浣。齊人語也。』疏云：『謂但用手矣，又取其斗漱耳。若以里語曰斗漱也。』內則云『冠帶垢和灰請漱，衣裳垢和灰請澣』，鄭注云：『手曰漱，足曰澣。』『斗擻、抖揀、斗漱』，並與『抖藪』同，與搜索義相近。」

按：「鋪頒」係雙聲聯語。「鋪」即「捕」之叚音。說文云：「捕，取也。从手，甫聲。」周髀算經「捕影而視之」，注云：「捕，猶索也。」又與「搏」音義通。說文：「搏，索持也。从手，尃聲。」左莊十一年傳「公右顓孫生搏之」，注云：「搏，取也。」

「抖」係「枓」字之譌。「枓藪」乃疊韵聯語。說文云：「枓，勺也。从木，斗聲。」史記趙世家「使廚人操銅枓」，正義云：「其形方，有柄。取斟水器。」以枓勺取水漿，亦謂之枓。今瑞安猶謂取水曰枓（音ㄉㄠ平聲）。蓋水漿之屬，不可以手取，必憑籍於枓，故遂謂取爲枓也。

凡疊韵聯語及雙聲聯語，原屬一聲之推迻。後一字本爲餘音，而無實義。然言之既久，復析爲單音詞，人復單呼其一，於是有聲無字者，或制字以實之矣。「鋪頒」析言之，則曰「鋪」（捕），曰「頒」。說文云：「扮，握也。从手，分聲。讀若粉。」握與取義通。扮，蓋承頒聲而制也。「枓藪」析言之，則曰枓，曰藪。說文云：「搜，衆意也。一曰求也。从手，叟聲。」此字之本義當爲求。其初文爲「叟」。說詳朱氏說文通訓定聲及陳柱之釋叟。蓋即承「料藪」之「藪」而別制也。叟、數古音近，故「籔」或作「簍」。

錢氏訓「鋪頒」爲「布班」，非是。又謂：「斗擻、抖捒、斗漱，並與料藪同，與搜索義相近。」按：「斗擻、斗漱」雖亦爲疊韻聯語，與「料藪」或同音，或聲近。然通俗文「抖藪謂之鼕鼛」，難字作「斗擻」，律文作「斗捒」。此殼料也，猶今言「斗殼植物」是也。公羊疏之「斗漱」，其語義何休解詁可覆按也。是「斗擻、斗漱」，實無「索取」之義，錢氏援以與方言之「料藪」并爲一談，亦謬也！

徯醘、冉鐮，危也。東齊掎物而危，謂之徯醘。僞物謂之冉鐮。

錢繹云：「廣雅：『徯醘、冉鐮，危也。』曹憲徯音兮，鐮，力霑反。『鐮』，俗本作『鎌』，今從宋本。『鎌』與『鐮』同。玉篇：『掎，居爲切，戴也。』卷九云：『僞謂之扤。扤，不安也。』注云：『船動之貌。』是危之意也。」

按：「徯醘、冉鐮」並爲疊韻聯語。「徯」之言「隉」也。「醘」餘音也。說文：「隉，危也。从阜，从毁省聲。……班固說：『隉，不安也。』讀若虹蜺之蜺。」掎物而危，亦不安之意也。國策西周策「竊爲君危之」，注：「危，不安也。」「徯、隉」古屬脂類。「冉」之言「阽」也。「鐮」係餘音。說文：「阽，壁危也。从阜，占聲。」漢書食貨志「阽危者若是」，注：「危欲墮之意也。」抗物，則物欲墮，所以危也。「冉、阽」古屬談類。

摳揄，旋也。秦、晉凡物樹稼早成熟謂之旋，燕、齊之間謂之摳揄。

錢繹云：「旋之言還也。齊風還篇云『子之還兮』，毛傳云：『還，便捷之貌。』韓詩作『嫙』，云『好貌』。『嫙』與『旋』通。廣雅：『摳，舉也。』玉篇：『摳，苦溝切，挈衣也。』列子黄帝篇『以瓦摳者巧』，殷敬順釋文云：『摳，云揄脱也。』連言之，則曰摳揄，挈取其揄脱，即僖十五年左氏傳所言『歲云秋矣，我落其實，而取其材』之意也。」

按：原本玉篇車部引方言：「摳輪，旋也。燕、齊之間凡作物樹藝而早成熟謂之摳輪，秦、晉謂之旋。」是今本「物」字上奪一「作」字。説文云：「稼，禾之秀實爲稼，莖節爲禾。……从禾，家聲。」又云：「埶，穜也。从坴，从丮持而穜之。」又云：「穡，穀可收曰穡，从禾，嗇聲。」是「稼」之本義爲「禾之秀實」。「稼穡」聯言，收成之謂也。與「埶」之義不同。又就下文「早成熟」三字視之，今本「稼」字，似當依玉篇所引改爲「藝」字爲是。

「旋」，朱駿聲謂字借爲「還」，是也。按：即「還」之語轉也。説文：「還，疾也。从走，瞏聲。讀若權。」「旋、還」疊韵，古屬元類。

絙、筳，竟也。秦、晉或曰絙，或曰竟。楚曰筳。

錢繹云：「説文：『緪，竟也。』廣雅同。班固答賓戲云：『緪以年歲。』楚辭九歌云『緪瑟兮交鼓』，王逸注：『緪一作絙。』又招魂云『姱容脩態，絙洞房些』，注云：『絙，竟也。』『絙』與『緪』同。通作『恒』。小雅天保篇『如月之恒』，釋文云：『亦作緪。』考工記弓人『恒角而短』，鄭注云：『恒讀爲緪。緪，竟也。』亦作『亘』。漢書諸侯王表云『亘九嶷』，孟康曰：『亘，竟也。』班固西都賦云『北彌明光而亘長樂』，張衡南都賦『亘望無涯』，李善注並引方言：『亘，竟也。』『亘』與『緪』古字通。舊本二『緪』字，上作『糸』旁『亘』，下作『糸』旁『恒』，並同。今從舊本。『筳』，廣雅作『挺，竟也』，玉篇『他鼎切』。『挺』與『筳』通。」

按：原本玉篇引方言：「竟，亘也。秦、晉或曰亘，或曰竟也。」文選李善注引方言：「亘，竟也。」唐釋湛然輔行記云：「亘，通度也。方言云『竟也』。」廣韵十七證：「亘，……竟也。出方言。」是舊本「緪」作「亘」。按：以作「亘」爲正。説文：「𣐺，竟也。」古文作「亙」。朱駿聲云：「亙，古文𣐺。按：从二，从舟。二者，上下厓岸也。」是「亙」之本義，即湛然所謂「通度」也。許君訓爲竟。「竟」係「徑」之語轉。文選西京賦「亘雄虹之長梁」，李注：「亘，徑度也。」「徑」，古或叚「經」字爲之，「徑度」即「經渡」也。楚辭招魂「絙洞房」，即「經洞房」也。「竟、徑」雙聲，並屬見紐。「筳」亦爲「徑」

之語轉。説文：「徑，步道也。从彳，巠聲。」引申謂經過爲「徑」，小爾雅廣詁：「徑，過也。」「筳、徑」疊韻，古屬耕類。

繝、剿，續也。秦、晉續折謂之繝，繩索謂之剿。擘，楚謂之紉。

戴震云：「玉篇：『繝，續也。』『剿，接，續也。』廣雅：『繝、剿，續也。』義本此。」又云：「離騷『紉秋蘭以爲佩』，洪興祖補注引方言：『續，楚謂之紉。』『續』字當是誤蒙上條。」盧文弨云：「（『繝』）俗本作『擱』，今據玉篇改正。」錢繹云：「『擱』，舊本並从手，戴氏據廣雅、玉篇並訓『繝』爲續，以爲義本方言，改此『擱』字从糸作『繝』。下『擱』字仍从手作『擱』。盧本二『擱』字，並改作『繝』。按：『繝，續也』已見卷一。戴氏誤以『未續』連文爲讀，説已見前。此卷復出『擱』，自當別爲一字。且『繝、擱』並音剡。『繝』之或作『擱』，猶『剡』之或作『緂』，『剿』之或作『緤』也。若亦作『繝』，此爲重出。或謂方言之文，每多疊見，然必有所據，始可改易原文，否則近於偏見。今仍从舊本。」王國維云：「今本自擘以下五字自爲節。按：原本玉篇引『剿，續也。楚謂之紉』。洪興祖楚辭補注亦引『續，楚謂之紉』。是此二節本是一節。又衍『擘』字。王逸楚辭注：『紉，索也。』正本之方言。郭注云：『今亦以綫貫針爲紉。』義亦與『擘』無涉，而與『續』及『繩索』之義相近。今本蓋誤。」

按：原本玉篇糸部引：「繝，續也。秦、晉續折木謂之繝。」集韵五十琰、類篇木部並引：「秦、晉續折木謂之橌。」是「擱」舊本實作「繝」。蓋後人承「續折木」之義，而妄改从木，「木」後又譌作「扌」，此俗本之所以作「擱」也。戴、盧二校本不誤，錢箋仍俗本非也。又今本「折」字下脱「木」字。折，斷也。「折木」聯言，與下「繩索」相對成文也。

又按：王氏訂二節本屬一節，頗塙。至言「擘」乃衍文，似未盡當。楚辭湘夫人：「擗蕙櫋兮既張。」此「擗」字似當依方言訓爲「續」爲妥。孟子滕文公篇「妻辟纑」，趙注：「緝績其麻曰辟。」士喪禮「衣不辟」，鄭注：「不辟，不積也。」説文：「襞，韏衣也。从衣，辟聲。」「辟、擗、襞、擘」同聲。蓋「擘」係「辮」之語轉。脣音自相轉，真迻入支。説文：「辮，交也。从糸，辡聲。」後漢書張衡傳李賢注引説文訓：「交，織也。」元應一切經音義十五引通俗文：「織繩曰辮。」是「辮」實含聯結之義。「辮、擘」雙聲。據此，「擘」字恐非衍文。如係衍文，必與「續」義無關。疑「擘」字上或有脱文，今則不可考矣。

印，爲也。甌越曰印。

戴云：「印，各本譌作卬，今訂正。廣雅：『厲、印，爲也。』義本此。曹憲音釋：『印，於信反。』」盧云：「廣雅『卬』作『印』，曹憲音於信反，然『印』之訓爲，他書亦未見。案：『卬』與『昂』通，有激厲之意，與『爲』訓相近，故不從廣韵易此文。」郭慶藩云：「案：戴作『卬』，盧作『卬』，作『卬』字義較長，依盧本。」朱駿聲云：「按：『卬』字形體與『爲』相近，以『卬』代『爲』，當時方語也。」

案：「卬」係「爲」之轉音，「卬」屬疑母，「爲」屬于母，喻古紐歸喉，音自相轉，陽迻入歌也。「爲」，詩大雅鳧鷖釋文作「于爲切」，書序咸有一誌徐仙民音〔一〕、廣韵、集韵、韵會並作「于僞切」。

卷七

諄憎，所疾也。宋、魯凡相惡謂之諄憎，若秦、晉言可惡矣。

按：集韵十七準引方言「宋、魯凡相惡謂之譂」，方成珪考正云：「按：方言七只作『諄』，『諄』下并有『憎』字。惟卷三訓罪者，字正作『譂』。然此亦以从𦎫爲是。」予天按：方説是也。類篇言部引方言此條，字亦作「譂」。今本作「諄」者，皆後人以方言文重出，有意改換，以示別異。如卷一出「繝」字，卷六則改作「櫚」；卷三出「謫」字，卷十則改作「讁」，皆是也。

〔一〕當作『咸有一德』。

皮傳、彈憸，强也。秦、晉言非其事謂之皮傳，東齊、陳、宋、江、淮之間曰彈憸。

按：「彈憸」之「憸」，疑係「廞」之叚音。説文云：「廞諸，治玉者也。从厂，僉聲。讀若藍。」字亦作「礛礷」，廣雅釋器：「礛礷，礪也。」「廞諸」乃礪石，玉尚可錯，堅之至也。堅固之石，彈之自不能入。此東齊、陳、宋之所以謂「言非其事」爲「彈廞」乎？猶言其「不中肯綮也」。

賑眩，懣也。朝鮮、洌水之間……顛眴謂之賑眩。

按：「賑眩」即「顛眴」之轉音，疊韵聯語也。並屬真類。朱駿聲疑「賑」爲「眄」之譌，似未確。「眴」讀若「勻」。

憐職，愛也。言相愛憐者，吴、越之間謂之憐職。

戴震云：「爾雅：『職，主也。』相愛斯仰之爲宗主，故云憐職。」錢繹云：「廣雅：『職，事也。』相愛憐謂之憐職，言以愛憐爲事。猶孟子『述職』，穆天傳『執事』耳。」

按：「憐職」猶云「憐惜」。「惜、職」一聲之轉，並爲齒音。吕氏春秋長利「爲天下惜死」，高注：「惜，愛也。」廣雅釋詁一同。戴氏、錢氏之説均未確。

卷八

虎，陳、魏、宋、楚之間或謂之李父；江、淮、南楚之間謂之李耳，或謂之於䖘；自關東西或謂之伯都。

按：「李父、李耳」蓋均爲「老虎」之轉音。「虎」緩言之，則爲「於䖘」。朱駿聲謂「於䖘」之合音爲「虎」，是也。「伯都」則係「於䖘」之轉聲。疊韵相迻，並屬魚類。

布穀，自關而東梁、楚之間謂之結誥，周、魏之間謂之擊穀，自關而西或謂之布穀。

按：「布穀」以聲名。尸鳩每值天陰將雨則鳴，三春播種之時雨水更多，故時聞鳩鳴。人以其鳴聲穀穀，遂擬其音而呼爲「布穀」。或謂之「誥穀」，或謂之「擊穀」，皆一聲之轉也。今瑞安俗名爲「斑鳩」，就其形言也。或名「古鴶」（二字叚借，音ㄍ˙ㄨ，ㄍ˙ㄨ），亦依聲而名也。

鴠旦，周、魏、齊、宋、楚之間謂之定甲，或謂之獨舂；自關而東謂之城旦，或謂之倒縣，或謂之鴠旦；自關而西秦、隴之内謂之鶡旦。

按：「鴠旦」，蓋即今之啄木鳥。謂之獨舂者，以其啄木若舂米也。郭注謂：「好自低仰。」未確。

鴈自關而東謂之鴚鵝，南楚之外謂之鵝。

按：「鴈」以聲名，「鴈、鵝」係一聲之轉，再鳴則成「鴚鵝」之音。郝蘭皋謂：『鴚鵝』疊韻言其聲。」其説是也。鄰賈居鵝，時聞其聲，方得其詳。

守宮，秦、晉、西夏謂之守宮，或謂之蠦蝘，或謂之蜥易。其在澤中者，謂之易蜴。南楚謂之蛇醫，或謂之蠑螈。東齊、海、岱謂之螔蜍。北燕謂之祝蜒。桂林之中，守宮大者而能鳴謂之蛤解。

郭注：「（蜥易）南陽人又呼蝘蜓。（螔蜍）似蜤易而大，有鱗，今所在通言蛇醫耳。（蛤解）似蛇醫而短，身有鱗采。江東人呼爲蛤蚖。音頭頷。汝、潁人直名爲蛤蠏。音解，誤聲也。」[一]

按：隋杜臺卿玉燭寶典黎氏影日本舊抄本。卷二「正説」引方言：「秦、晉、西夏謂之守宮，或謂之蘆螈，或謂之蜥蜴。在澤中者，謂之蜴易，（音析。）南楚謂之虵醫。東齊謂之蟒蜍。（郭注云：『似蜥蜴而有鱗。今所在通言虵醫耳。斯侯兩音。』）北燕謂之祝蜒。桂林之中，守宮大者能鳴，謂之鴿解。郭注：『短身有鱗采，屈尾。江東人呼爲蛤蚖。音

[一] 依揚雄方言校釋匯證，此處郭注宜作「汝、潁人直名爲蛤。解音懈，聲誤也」。

頭頷。汝、潁人直呼爲鴿。音郭鶉鶬。予天按：『郭』字誤衍，『鶬』係『鶴』之譌。音解，聲誤。』」所引足訂今本之誤者。「蠦蠝」當作「盧蠊」。「蛤解」當作「鴿解」。「鴿解」下郭注「身有鱗采」下奪「屈尾」二字。「汝、潁人直呼爲蛤鷂」當作「汝、潁人直呼爲鴿。音鶉鶴」。是今本注中「鴿」下「鶴」上，奪「音鶉」二字，「鶴」又譌爲「鷂」也。又「音解誤聲」當作「聲誤」。

宛野謂鼠爲䶂。

按：「䶂」乃「鼠」之轉聲。「鼠、隹」雙聲，屬心紐。

雞雛，徐、魯之間謂之䳕子。

戴震云：「『䳕』字各本譌作『秋侯』二字。廣雅：『䳕，雛也。』曹憲音釋：『䳕，子幽反。』與此注同。玉篇、廣韵並云：『䳕，雞雛也。』今據以訂正。」孫詒讓云：「郡齋讀書志載蜀中傳本正作『䳕』，云『監本以䳕爲秋侯』。然則今本亦沿監本之誤，宋時蜀本自不誤也。」

按：類篇隹部引方言文亦作「䳕」。又按：「鶖」即「雛」之轉聲。雛以聲鳴，雞雛鳴聲芻芻，即呼爲「雛」，則純屬音聲摹擬可知也。「芻、秋」疊韵。（幽、侯古通。）

卷九

矛，……其柄謂之矜。

郭注：「今字作槿。」下文「矜謂之杖」，郭注：「矛戟槿即杖也。」又卷十二「抵、柲，刺也」，郭注云：「皆矛之槿，所以刺物者也。」盧文弨云：「注『⿰禾堇』，誤從木旁作『槿』。按：賈誼過秦論『鉏櫌棘矜』，史、漢注皆云『矜』亦作『⿰禾堇』。今據改正。」

按：孫詒讓云：「按：諸『槿』字，盧校本並改作『⿰禾堇』。錢從之。今考『⿰禾堇』亦俗字。疑古即借『槿』爲『矜』。集韵十八諄云：『矜或作⿰禾堇，通作槿。』史記秦始皇本紀『鉏櫌棘矜』，裴氏集解引服虔云：『以鉏柄及棘作矛槿也。』宋本如是，盧、錢本引亦改作「⿰禾堇」。文選吴都賦劉逵注云：『篻竹大如戟槿。』戴凱之竹譜云：『筋竹爲矛，利稱海表。槿仍其幹，刃即其杪。』字皆从木。疑六朝、唐人自作此字，不必改从矛也。」予天按：孫説是也。即就「矜」字言，「矜」亦爲「柄」之轉聲。「矜」古讀若「鰥」，見禮記注。「柄」古讀若「釬」。見卷「盌謂之盂」條〔一〕。「矜、柄」雙聲，屬見紐。

〔一〕「卷」字后當脱「五」字。

車枸簍，宋、魏、陳、楚之間謂之筱。

郭注：「今呼車子弓爲筱。」

按：「筱」係「巍」之語轉。説文：「巍，高也。从嵬，委聲。」車枸簍之形突起，故呼爲巍，聲轉而爲「筱」。「巍、筱」雙聲，屬微紐。

輪，韓、楚之間謂之軑，或謂之軝。關西謂之輚。

按：「軑」之言「泰」也。説文：「泰，滑也。」車輪旋轉而不居，故名爲軑也。「大、泰」古同音。「軝」係「軑」之轉音。説文有「仧」字，此即「大」聲轉爲「氏」聲，注「氏」以標聲。亦其證也。「軑、軝」疊韻，古屬脂類。「輚」之言「奏」也「湊」也。輪由輻合成，故云然也。「奏、㚇」雙聲。

輨軑，鍊鏅也。關之東西曰輨，南楚曰軑，趙、魏之間曰鍊鏅。

按：「鍊鏅」係「輨軑」之轉音。「輨、鍊」疊韻，古屬元類。「軑、鏅」雙聲。「大」古音屬脂類，「隋」古屬歌類，脂、歌古通。

所以藏箭弩謂之箙。

郭注：「盛弩箭器也。」

按：「簸」，實係「葡」之語轉。葡，毛公鼎作，丙申角作。吳大澂云：「葡，盛矢器也。」見說文古籀補。易繫辭「服牛乘馬」，說文引作「犕牛乘馬」。此「葡、服」聲相轉之證也。「葡、簸」疊韻，古屬之類。

維之謂之鼎。

郭注：「繫船爲維。」錢繹云：「鼎之言定也。今吳俗謂船行止所在謂之鼎。其古之遺語與？」

按：楫、槁等皆爲船上什物，則「鼎」亦爲用具之名可知。蓋鼎之一物，猶今瑞安河船中所用之船簪（音彳一せ）。形長約一尺，首銳，引以繩索。艤舟時，用以插入河岸之石隙中。海船中則用釘。象篆文字之倒形。此物則大小長短不等，引以鐵索。止船時，則垂入海中。或謂之矛，或謂之錨。簪小釘大，皆所以維船使不得行也。「鼎」實爲「丁」之轉音。「丁、鼎」疊韻，古屬耕類。錢氏謂吳俗謂船行止所在謂之鼎，則爲「鼎」（丁）之引申義。

卷十

媱、愓，遊也。江、沅之間謂戲爲媱，或謂之愓，或謂之嬉。

戴震云：「『媱』，各本譌作『婬』。今訂正。」盧文弨云：「媱，舊誤作『婬』。今據廣雅改。」

按：「婬」乃「遊」之語轉。汪中云：「曲禮：『毋淫視。』按：淫，遊也，語之轉。」見經義知新記。「婬、淫」同音，亦其例也。是舊本作「婬」非誤，戴、盧二本改爲「媱」，錢氏仍之，均謬。

央亡、嚜屎，……獪也。江、湘之間或謂之無賴。……凡小兒多詐而獪謂之央亡，或謂之嚜屎。

郭注：「嚜屎，潛潛狡也。」

按：「央亡」係疊韵聯語。與「罔兩」聲相轉。楚辭哀時命「神罔兩而無舍」，王注：「罔兩，無所依據皃。」或謂之「罔養」。後漢書馬嚴傳「更共罔養，以崇虛名」，李注：「罔養，猶依違也。」按：「依違」之義不一，明周祈名義考已略言之。此則當作「無依」解，亦「無賴」之謂也。是「央亡、罔兩、罔養」，其意一也。無賴之人，率多狡獪，此俗之所以謂「狡獪」爲「無賴」，或謂之「亡央」，語倒而爲「央亡」也。「嚜杘」，係雙聲聯語。「嚜」乃「默」之俗字。説文：「默，犬暫逐人也。从犬，黑聲。」廣雅釋詁：「暫，猝也。」犬猝逐人，人多不備，狡之至也。此俗之所以謂狡獪曰「嚜杘」也。「杘」係餘音。今瑞安則謂嚜率（˙ㄇㄟ，ㄕㄤ˙）。

崽者，子也。湘、沅之會凡言是子者謂之崽。若東齊之言子矣。

郭注：「（崽）音枲，聲之轉也。（東齊言子）聲如宰。」

按：朱駿聲謂「崽」係「𢀿」字之譌。然「𢀿」乃籀文「子」，聲義均同。而沅、湘之言「崽」，與中原之言「子」，聲自有別，則「崽」之非「𢀿」可知矣。朱説未確。今按：「崽」係「子」之轉音，當如郭氏讀。

又按：「若東齊言子」下郭注：「聲如宰。」蓋景純以音東齊語也。盧氏知湘、沅之語之與中原異，而不知東齊語亦與中原不同，遂移「聲如宰」三字注於「凡言是子者謂之崽」下，錢氏仍之，均誤。

誺，不知也。沅、澧之間凡相問而不知答曰誺。

郭注：「（誺）音癡眩。江東曰咨，此亦癡聲之轉也。」戴震云：「『⿰言桼』，各本譌作『誺』，今訂正。玉篇：『⿰言桼，不知也。丑脂、丑利二切。』『誺，同上。』又力代切，誤也。」

廣韻作『誺』。以入脂、至韻者爲不知，入代韻者爲誤。此注云『音癡眩』，與『丑脂切』合。『癡』多譌『瘢』，曹毅之本不誤，以六書諧聲考之，『⿰言桼』從言桼聲，可入脂、至二韻。『誺』從言來聲，應入代韻，不得入脂、至韻。玉篇、廣韻因字形相近譌舛，遂溷合爲一，非也。」盧文弨云：「按：『誺』，戴本改作『⿰言桼』……今按：戴說非也。左傳宣二年『于思于思，棄甲復來』，陸德明釋文云：『來，力知反。又如字。以協上韵西才反。』又詩邶終風『惠然肯來』，陸云：『古協思韵，多音梨。』又按：素問：『恬澹虛無，真氣從之。精神内守，病安從來。』『來』協『之』，正與此音癡同韵。安在從來之非而從桼之是乎？」劉台拱云：「按：戴本據玉篇改『誺』作『⿰言桼』，是也。集韻脂、至兩韵並作『⿰言桼』。」錢繹云：「按：依玉篇『⿰言桼、誺』二字皆可作，各本既作『誺』，自應仍舊。戴改爲『⿰言桼』，亦通。」以戴爲謬，非也」。

按：原本玉篇言部：「誺，猪飢、丑利二反。」引方言曰：「誺，不知也。沅、澧之間凡相問而不知答曰誺。」郭璞曰：「亦如按：痴之譌。聲之轉也。」下隔十三字又出「誺」字，注云：「力代反。廣雅曰：『誺，誤也。』與『謬』同，爲僻誤之誤也。」又遼釋行均之龍龕手鑑言部：「誺，丑知、丑利二反。相問而不知也。又落代反，誤也。」皆可證方言舊本作「誺」。而原本玉篇並無「⿰言桼」字，則「⿰言桼」乃「誺」字形近之譌亦可知也。戴氏據今本玉篇改易，非也。劉氏依集韵而是戴，錢氏則操兩可之説，均無當。

又按：「誺」字説文不録，疑即「譺」之異文。説文：「譺，騃也。从言，疑聲。」引蒼頡篇：「騃，無知之貌。」説文：「癡，不慧也。从疒，疑聲。」廣雅釋詁：「騃，癡也。」蓋「譺」之本義係「問而不知答」，从言，从癡省聲。「誺」，則承「譺」聲轉變而别造，漢之俗字也。

使之而不肎答曰吂。粃，不知也。

郭注：「（吂）音茫，今中國語亦然。（粃）今淮、楚間語呼聲如『非』也。」錢繹云：「按：『不肯』之合聲爲『倗』。『不知』之合聲爲『粃』。」

按：「吂」乃「冡」之轉音。説文：「冡，覆也。」其初文爲「冃」。引申爲凡有所覆蔽之偁，故目不明若有所覆者，謂之瞳矇。説文：「矇，瞳矇也。一曰不明也。」人之癡愚者，亦謂之童冡。揚雄法言序：「倥侗顓蒙。」漢書雄傳鄭氏注：「童蒙，無知也。」「瞳矇、童蒙」，則爲疊韵聯語。「冃、瞳、童」同音。「冡、矇、蒙」同音。或謂目之不明，或偁人之無知，其意一也。蓋孟子「逄蒙」，賈誼新書作「風䖟」，荀子勸學「蒙鳩」，大戴禮記作「鴌鳩」，皆其證也。脣音自相轉，東迻入陽也。

「粃」乃「𦋺」之轉音。「𦋺」又係「儓」之轉音。田儓乃㧻塊椎之名，㧻塊椎鈍器，說詳桂氏札璞。故南楚以之罵傭賤，即謂其愚也。郭注謂淮、楚語呼聲如「非」。「非」古讀若「北」、若「背」。與「𦋺」，古讀蒲北切。與「粃」均屬一聲之轉，皆爲脣音。

適，過也。南楚以南凡相非議人謂之適。

按：原本玉篇言部引方言：「謫，怒也。郭璞曰『謂相謫怒也』。又曰南楚之南凡相非議謂之謫。郭璞曰『謂罪過也』。」是舊本此條「適」亦作「謫」。乃後人有意別異，爲加偏旁「辵」，其實妄也。

讈、極，吃也。楚語也。或謂之軋。

郭注：「(軋)鞅軋，氣不利也。」

按：原本玉篇引方言：「楚或謂吃爲坱軋。郭璞曰：『坱軋，氣不利也。』」考說文：「軋，輾也。从車，乙聲。」則「軋」無不利之義。疑今本正文奪「坱」字。郭注「鞅軋」，蓋自承正文而言也。「坱」之言「怏」也。說文：「怏，不服懟也。从心，央聲。」方言卷十二：「鞅，强也。」「怏、坱、鞅」同聲。口吃則言語免强，故謂之怏。「坱軋」則爲雙聲聯語，「軋」乃餘音也。

食閻、慫慂，勸也。南楚凡己不欲喜而旁人説之，不欲怒而旁人怒之，謂之食閻，或謂

之慫慂。

按：「食閻」一語，郭氏無注，戴、錢諸家亦不詳其義。洪頤煊云：「爾雅釋詁：『食，僞也。』『閻』與『豔』字通。『食閻』，謂僞爲豔羨之詞。」説亦未確。朱駿聲謂係發聲之詞，且云：「食者，『僉』字或『弇』字之形訛。廣雅亦承其誤。」循其説而究之，「食」乃「僉」字之譌。爾雅釋艸：「蘾，烏蕵。」「蕵」即「蘞」字之誤，可據以互證也。木華海賦「浟湙瀲灩」，正韵云：「瀲灩，水動貌。」是波濤動盪謂之瀲灩，旁人獎勸謂之僉閻，意皆相承。又按：「僉閻」係「慫慂」之轉音。蓋齒音推迻，東轉入談也。

睃、䀩，視也。凡相竊視，南楚……或謂之睃。……䀩，中夏語也。

按：「睃」乃「睍」之語轉。蓋齒音自相轉，談迻入東也。「䀩」，説文不録，乃漢之俗字。就形聲究之，蓋从目，隸省聲。實爲「䚂」之轉音。説文：「䚂，内視也。从見，來聲。」舌音自相轉，之迻入脂也。

卷十二

撫，疾也。

郭注：「謂急疾也。」戴震云：「撫，亦作舞。廣雅：『拊，舞，疾也。』義本此。」

按：「撫」係「𠒎」之語轉也。説文：「𠒎，疾也。从三兔。」段玉裁云：「今讀若赴。」玉篇：「𠒎，芳句切，急疾也。」「撫、𠒎」疊韵，古屬魚類。

揄、𡐛，脱也。 下節「鬌、尾、梢，盡也」。

戴震云：「『揄』各本譌作『榆』，『𡐛』譌作『椭』，今訂正。枚乘七發『揄弃恬怠』，李善注引方言：『揄，脱也。』廣雅：『揄、𡐛，脱也。』義本此。」孫詒讓云：「『椭』與『橢』同，『椭、鬌』字亦通，皆毛物挩落之名。淮南子説山訓云『髡屯犁牛，既𢮯以𤛓』，高注云：『𢮯無角，𤛓無尾。』王氏雜志謂『𢮯𤛓當作科椭，皆秃貌也』，引太玄窮次四『土不和，木科椭』爲證。其説甚確。此『椭、鬌』即淮南書之『椭』，高注云『椭無尾』，與『鬌、尾、梢，盡也』之義尤密合。而戴、盧兩校，轉依廣雅改『椭』爲『𡐛』，王校淮南、錢箋方言，亦均未引及，謹舉以補其義。」

按：説文云：「橢，車笭中橢橢器也。从木，隋聲。」急就篇省改爲「椭」，顔注云：「小桶也。」朱駿聲曰：「按凡狹長之器，皆得曰橢。聲義取于山之堕也。」是「椭」之訓脱，實係「堕」之假音，非本義也。説文：「隓，敗城阜曰隓。从阜，差聲。」或體作「𡐛」。古人謂隓敗城阜曰「隓」，意轉而謂列肉曰「隋」，髮隓則謂之「鬌」，無袂之衣則謂之

「𧜟」，魚子已生則謂之「鰖」。是「隋、鬌、𧜟、鰖」，其語根同爲「陊」，故皆含「脫落」之義。均足證「椭」之訓脫，係「陊」之叚音也。

炗、䀶，明也。

郭注：「炗，光也。」戴震云：「『𤆍』，各本譌作『炗』。廣雅：『𤆍，明也。』曹憲音淫。今據以訂正。䀶音亮。諸刻本譌作『眼』。今從永樂大典本。」盧文弨云：「説文：『𤆍，直廉切，小爇也。』詩云：『憂心𤆍𤆍。』』詩釋文於小雅節南山篇『如惔』云『説文作「𤆍」。才廉反』。皆與此音義不同。」劉台拱云：「䀶乃目病，非明之訓也。作『朖』爲近。」盧改注『炗』作『𤆍』，是也。集韵作『𤆍』。」

按：説文：「𤆍，小爇也。从火，干聲。」段玉裁訂作「𤇾」，云：「『𢆉』，各本誤作『干』，篆體亦誤，今正。干部曰：『入一爲干，入二爲𢆉。』『𢆉』讀若飪。『𤇾』从𢆉聲，故古音在七部。郭璞、曹憲音淫。入鹽韵，則直廉切。今各書皆誤作『𤆍』矣。」又云：「方言、廣雅曰：『𤇾，明也。』此引申之別一義。」苗夔云：「方言卷十二『𤆍，䀶』下諸『𤆍』字，亦並『𤇾』字之譌。戴東原、丁小雅、盧抱經等校本，不曾釐整，皆由於不識『羙』字，爲謬本説文誤之也。」見説文聲訂卷十九。朱聲駿云〔一〕：「方言『羙眼』誤作『苂眼』。」予天按：段氏等訂説文「𤆌」、方言「苂」並爲「羙」字譌，其説甚確。至於方言「羙」訓明，説文「羙」訓小爇，小爇則不得謂明，是二義實不相涉，盧氏固疑之矣。而段氏之所謂「別一義引申」者，求其意亦不可得。蓋「羙」乃「炎」之語轉也。説文云：「炎，火光上也。」「明」其引伸義也。「羙、炎」雙聲，屬影紐。

「朖」，舊本譌作「眼」，戴氏據永樂大典本改作「眼」，均非。錢箋仍戴本作「眼」，謂係「朖」之異文，亦謬。劉氏、朱氏等逕訂作「朖」是也。

鼃、律，始也。

洪頤煊云：「説文：『鼃，蝦蟆也。从黽，圭聲。』淮南説林訓：『鼓造辟兵，壽盡五月之望。』高誘注：『鼓造，一曰蝦蟆。』廣雅釋詁：『造，始也。』故『鼃』亦爲始也。或云『鼃』當做『鼁』。説文：『鼁，詹諸也。从黽先，先亦聲。』鼁、造同聲字。鼃、鼁亦聲之轉。」錢繹云：「按：鼃爲蝦蟇屬，鼃之子，常於暮春月生水中，以千萬計。釋魚謂之科

〔一〕「朱聲駿」當爲「朱駿聲」之誤。

斗。上古造字之始，實取象焉。生數日而脱其尾，遂成鼃。是科斗爲鼃之始，因而始即謂之鼃。猶獼猴爲鳥羽之本，而本即謂之獼。」

按：朱駿聲謂「鼃」借爲「娧」，云：「皆法則，故爲始也。」其説近是。考「始」係「治」之假音。娧所以正物，律所以調韵，故均有治義。洪氏、錢氏之説，皆迂曲，不可從。

㑋、耇，羸也。

錢繹云：「荀子非相篇：『與世偃仰，緩急羸絀。』楊倞注：『羸，餘也。』通作『羸』，説文：『羸，賈有餘利也。』昭元年左氏傳云：『賈而欲羸而惡囂乎。』玉篇：『㑋，盈也。』文選古詩十九首『盈盈樓上女』，李善注云：『「盈」與「羸」古字通。』左思魏都賦『繁富夥夠』，李善注引廣雅：『夠，多也。』玉篇音苦候切。『夠』與『耇』聲義並相近。」

按：朱駿聲云：「㑋者，㮙之借字。羸者，羸之譌字。」其説是也。説文：「羸，瘦也」。國語周語「此羸者陽也」，注：「羸，弱也。」説文：「㮙，偏也。㮙，薄也。从木，世聲。」詩南山有臺「遐不黄耇」，毛傳：「耇，老也。」年老則羸瘦，故「耇」有「羸」義也。

水中可居者爲洲。

郭注：「上林賦曰『行乎洲淤之浦』也。」盧文弨云：「舊本多作『州淤』，今史記本，却作『洲淤』。注末，俗本有『也』字，宋本無」。

按：原本玉篇引郭注，末有「是也」二字。是俗本奪「是」字，宋本二字並脱。應依郭氏引書例補。

卷十三

讟、咎，謗也。

郭注：「謗言噂讟也。讟音沓。」

按：原本玉篇言部引作：「譶、各，謗也。郭璞曰：『謗言噂譶也。』」又原本玉篇『讟』字下引方言：「讟，痛也。郭璞曰：『謗誣怨痛也。』」而無「讟謗也」之文。説文：「譶，讀若沓。」郭氏音「讟」爲「沓」，聲類迴殊。是今本「讟」乃「譶」之譌也。説文：「譶，疾言也。从三言。」又：「雬雬，震雷皃。一曰衆言也。从雨，从譶省聲。」按：疾言係「雬」之訓震雷之義之引申也，衆言則屬「譶」之本義。蓋文字因通假而互乖其本義也。文選稽康琴賦：「紛澀譶以流漫。」注：「澀譶，聲多也。」説文：「沓，語多沓沓也。从曰从水。」又：「誻，譅誻也。从言，沓聲。」荀子正名：「黑者之言，誻誻然而沸。」楊注：「誻誻，多言也。」詩十月之交：「噂沓背憎。」毛傳：「噂，猶噂噂；

沓，猶沓沓。」鄭箋：「噂噂沓沓，相對談語，背則相憎。」是「讟、沓、諮」古音義並通。

又按：「咎」疑舊本作「各」，如原本玉篇所引。説文：「各，異詞也。」「異詞」即「乖詞」之謂也。謗言自必逆耳。此各之所以又有謗義也。後人殆昧於「各」之本訓，因改爲「咎」乎？

魏，能也。

戴震云：「『魏』訓能未詳。當亦是『嬰』之譌，見前卷二。郭注：『嬰嬰，小成貌。』與能之義亦相因。」盧文弨云：「按：周書謚法解：『克威捷行曰魏。克威惠禮曰魏。』與此訓能義合。」

按：「魏」係「慧」之語轉。論語衛靈公篇「好行小慧」，集解引鄭注：「小慧，謂小才知。」周禮太宰「使能」，注：「多才藝者。」「慧、魏」疊韻，古屬脂類。

莛，隨也。

戴震曰：「今人猶謂蒙窗櫺欞格曰莛。隨者，隨其大小也。」

按：「莛」係「從」之轉聲。從，隨行也。齒音自相轉，東逡入陽。「莛、從」雙聲，屬從紐。

讚，解也。

郭注：「讚訟所以解釋理物也。」

按：原本玉篇言部引郭注作「讚訟所以解釋物理也」。今本「理物」二字蓋誤倒。

賴，取也。

錢繹云：「廣雅：『賴，取也。』莊子讓王篇云：『若伯夷、叔齊者，其於富貴也，苟可得已，則必不賴。』太玄達次七云：『達于砭割，前亡後賴。』是『賴』爲取也。」

按：「賴」係「寽」之語轉。説文：「寽，五指持也。讀若律。」又：「捋，取易也。从手，寽聲。」詩芣苢「薄言捋之」，毛傳：「捋，取也。」「捋」實係「寽」之或體。「賴、寽」疊韵，古屬脂類。

恌，理也。

郭注：「謂情理也。」盧文弨云：「按：『恌』，廣韵餘昭切，與『愮』同，憂也，悸也，邪也，惑也。前『愮』訓憂，亦訓療治，此『理』亦當謂理其情耳。」洪頤煊云：「『恌』通作『兆』，廣韵：『説文云分也。』禮記樂記：『樂者，通倫理者也。』鄭注：『理，猶分也。』『兆、理』同訓爲分，故『恌』又訓理。倫理、情理，其義一也。或『恌』即『𠧞』字之譌？」

按：「恌」係「撩」之語轉也。説文：「憭，理也。从手，尞聲。」廣雅釋詁：「撩，理也。」一切經音義十四引通俗文：「理亂謂之撩理。」「恌、撩」疊韵，古屬宵類。

憚，謀也。

郭注：「謂議也。」錢繹云：「廣雅：『憚，謀也。』玉篇：『憚，謀也。』説文：『憚，厚重也。』僖三十三年左氏傳云：『輕作寡謀。』『憚』訓爲謀，蓋以厚重爲義也。」

按：「憚」係「懷」之語轉。卷一：「懷，思也。」説文：「懷，念思也。从心，褱聲。」又云：「謀，慮難曰謀。从言，某聲。」論衡超奇：「心思爲謀。」是謀亦思也。「憚、懷」雙聲，脂、真對轉。

朏、曉，明也。

按：「朏」之言「焜」也。説文：「焜，煌也。从火，昆聲。」左氏昭三年傳「焜燿寡人之望」，服虔注：「焜，明也。」「朏、焜」並从比得聲，古爲同音。

譯，傳也。譯，見也。

郭注：「傳宣語即相見。」錢繹云：「廣雅：『譯，見也。』按：見者，明著之意，謂傳宣四夷之言，使相明著也。小爾雅：『斁，明也。』廣雅：『驛，明也。』……義並與譯同。……是『譯』訓爲見，未必如郭所云也。」

按：原本玉篇引郭注作「傳語即相見也」，無「宣」字。「譯」之訓見，朱駿聲謂字借爲「睪」，是也。説文云：「睪，司視也。从横目，从㚔。」

䭈，益也。

郭注：「謂增益也。」

按：朱駿聲謂「䭈」乃「傿」字之譌，是也。説文云：「傿，引爲賈也。从人，焉聲。」玉篇云：「傿，引爲價也。」後漢書崔烈傳：「悔不小傿，可至千萬。」廣雅：「傿，益也。」玉篇又有「䭈」字，訓同上。蓋皆承謬本方言而誤。

餌謂之䬬。

王國維云：「御覽八百六十引作『餌謂之餻』，下有注『音恙』二字。原本玉篇食部：『餻，餘障反。』引方言：『餌也。』廣韵四十七漾：『餻，餌也。』集韵則云：『餻，方言餌也。』又原本玉篇食部無『䬬』字，大廣會本始有之。是六朝尚無『䬬』字。廣雅之『䬬』字，亦作『餻』，與方言同。均後世所追改也。」

按：王説是也。「餻」乃「餳」之轉音。「餻、餳」雙聲兼疊韵，古屬陽類。

餅謂之飥。

郭注：「（飥）音乇。」盧文弨云：「俗本誤音乇，今從宋本。」盧從宋本音託。錢繹云：「按衆經音義卷十五引廣雅：『餛飩，餅也。』又北户録注同。集韵、類篇引作『腪肫』。今本無此文，誤脱也。竊謂方言『餅謂之飥』，『飥』字即『飩』字之譌。注『音乇』，乃『屯』之譌。宋本作『託』者，又後人以正文既誤作『飥』，遂改『屯』爲『託』。」按：原本玉篇食部：「飩，徒混反。」引方言曰：「餌或謂之飩也。」又引廣雅云：「飩，餅也。」錢氏疑今本方言「飥」乃「飩」之譌，此其確證也。

餳謂之餦餭。飴謂之䬵。䭡謂之餚。餳謂之餹。凡飴謂之餳，自關而東陳、楚、宋、衞之通語也。

盧文弨云：「説文『餳』从食，易聲。徐盈切。按：易聲殊不相近，自當从昜。劉熙釋名云：『餳，洋也。』諧聲取義。周禮小師釋文辭盈反，又云『李音唐』。『徐盈、辭盈』，其音近精，與『唐』實一聲之轉。戴侗説文，以辭盈、辭精反者从易，音唐者從昜。今不從。」錢繹云：「『餳』，舊本並同。急就篇云：『棗杏瓜棣饊飴餳。』『餳』，王應麟音唐。説文：『餳，飴和饊者也。从食，易聲。』徐盈切。原本正文作食旁易，注文作易聲不誤。廣雅：『餦餭、飴、䬵、餹，餳也。』『餳』，曹憲音辭精反，詩釋文夕精反。周官小師注：『管，如今賣飴餳所吹者。』釋文『餳』，辭盈反，云『李音唐』。按：『夕精、辭盈、辭精」諸反，與音唐，古聲並相近。諸書『餳』字作食旁易者，皆不誤。說文云易聲者，『餳』之入聲爲夕。夕、易同韵，故曰易聲也。說文有『餳』無『餳』，玉篇有『餳、餹』，並徒當反。廣韵庚韵有『餳』，陽韵有『餹、糖』，並無『餳』字。詩經、周禮釋文並云：『餳，一音唐。』則『餳』本有徐盈、徒當兩音，不必另出『餳』字也。自元戴侗臆造『餳字從昜，徒當反』之說，於是誤分兩字。明梅鼎祚轉以庚韵『徐盈反』，爲陽韵『徒當反』之誤，欲删去之，已屬非是。盧氏爲其所惑，改此『餳』作『餳』，且紛紛置辨，其謬甚矣。」

按：原本玉篇食部：「餳，徒當反。」引方言：「凡飴謂之餳。自關而東，陳、楚、宋、魏、鄭、衛之間通語也。」是舊本實作「餳」也。說文字作「餳」者，「餳」乃「飴」之轉音。「餳」則又爲「餳」之轉音也。攺諆田鼎有□字，居後彝有□字。吳榮光上釋作「餳」，下釋作「餳」，則「餳」字之産生已久矣。而金文叚「餳」爲「錫」，即「易、昜」聲相轉之證也。「餹」又爲「餳」之轉音。「飴、餩、餳、餳、餹」，古皆爲喉音。「飴」轉爲「餩」，則爲疊韵，古屬之類；「飴」轉爲「餳」，則成雙聲，屬影紐，之迻入支；「餳」轉爲「餳」，亦爲雙聲，亦屬影紐，支徙入陽；「餳」轉爲「餹」，則係疊韵，古屬陽類。「餳」從易得聲，後世音「辭精、徐盈、說文音切皆徐鉉取自孫愐唐韵。夕精、辭盈」諸反，則由喉音轉爲齒音也。

「餹」從庚得聲（屬見紐），後世音「徒當反」（屬端紐）者，喉音轉爲舌音也。然則，方言作「餳」，説文作「餳」，兩不相妨，各仍其舊可也。或因此易彼，或因彼易此，似失之未覈。蓋方言原爲蒼頡訓纂，率以俗語參證蒼頡訓詁，故字多從俗；如「䍃、豥、諫、眲」等字，皆説文所不録也。至於説文，則功在正名訂義，於後世俗書，多不盡收。許書所以有「餳」無「餳」，蓋從其朔也。

附　補遺

卷二

馮，怒也。楚曰馮。

按：「馮」與「憒」與「懣」，均屬一聲之轉。又並爲脣音。

卷六

妯，擾也。

按：「妯」，當讀若「由」「摇」之語轉也。「妯」實爲「儔」之異體，説文訓動，亦非本義。

卷十

𦵏，卒也。江、湘之間凡卒相見謂之𦵏相見。或曰突。

錢繹云：「廣雅：『𦵏、突，猝也。』小徐本説文云：『突，犬從穴中暫出也。一曰匪突也。』『匪突』與『蕖突』同。」

按：「蕖」即「忽」之轉音，脣音自相轉也。説文：「菲，芴也。」「芴，菲也。」「芴」即「菲」之轉音，亦其證也。

㵎沭、征伀，遑遽也。江、湘之間凡窘猝怖遽謂之㵎沭，或謂之征伀。

按：「㵎沭、征伀」，均爲倒雙聲聯語。「沭」之言「怵」也。説文：「怵，恐也。从心，朮聲。」「㵎」爲餘音。語倒則爲「㵎沭」。「伀」乃「悤」之轉音。説文：「悤，多遽悤悤也。从心，囱聲。」「征」乃餘音。語倒則爲「征伀」。

卷十二

追、末，隨也。

戴震云：「『末』，各本譌作『未』。廣雅：『追、末，逐也。』義本此。今據以訂正。」

按：「末」即「尾」之語轉，故訓爲隨。説詳卷一「未續也」條。戴氏據廣雅改作「末」，錢箋仍之，均非。

邀，張也。

按：「遫」乃「展」之轉聲。廣雅釋詁四：「展，舒也。」漢書王温舒傳注：「展，伸也。」並與「張」義近。蓋舌頭自相轉，之遂入元也。

薵、蒙，覆也。

郭注：「此義之反覆兩通者。」

按：「薵」乃「蒙」之轉音。「蒙」當讀若「冃」，「薵」當讀若「翿」。蓋舌頭自相轉，東遂入幽也。

卷十三

摵，到也。

按：「摵」之語根實爲「至」。蓋「至」聲轉爲「刀」聲，則爲「到」。「到」聲轉爲「尗」聲，則爲「椒」爲「摵」。「尗」古音與「豆」同。說文：「尗，豆也。象尗豆生之形。」「豆」即「尗」之假借字。「至、到、摵」，皆爲舌音，即舌頭自相轉之理也。

忽、達，芒也。

郭注：「謂草杪芒䠶出。」錢繹云：「『忽』之言翲忽也。太史公自序：『間不容翲忽。』索隱曰：『忽者，總文之微也。翲者，輕也。』正義曰：『「翲」字當爲「杪」。杪，禾芒表也。忽，一蠶口出絲也。』一絲謂之忽，猶草杪謂之芒也。」

按：「忽」之訓「芒」，即「芒」之轉音。「忽」古讀若「没」，與「芒」並爲脣音。

猴，本也。

錢繹云：「王襃洞簫賦『惟詳察其素體兮』，李善注引方言曰：『素，本也。』衆經音義卷二引方言曰：『素，本也。』各本並脱『素』字，今據以補正。」

按：原本玉篇糸部引方言曰：「素，廣也。」又曰：「素，本也。郭璞曰：五色之本也。」錢氏曾補「素」字，今又得郭注佚文，亦應據補。

掊，湥也。

郭注：「掊尅深能。」錢繹云：「説文：『掊，把也。』今鹽官入水取鹽爲掊。義與㝠同。廣雅：『㝠，深也。』史記封禪書：『見地如鉤狀，掊視得鼎。』漢書郊祀志同。顏師古注云：『掊謂手把土也。』劉昭注續漢書百官志引胡廣曰：『鹽官掊坑而得鹽。』注『掊尅深能』者，大雅蕩篇云『曾是掊克』，釋文云：『掊克，聚斂也。』『克』與『尅』同，言以掊克爲深能也。」

按：「掊」，説文訓「把」。又謂「今鹽官入水取鹽爲掊」。則「湥」之言探也。説文：「揬，遠取也。从手，突聲。」爾雅釋詁：「探，取也。」郭注：「摸取也。」「深、探」

疊韵，古實同音。

撈，取也。

郭注：「謂鉤撈也。」錢繹云：「廣雅：『撈，取也。』曹憲音牢，又力幺反。玉篇：『撈，取也。』衆經音義卷五引通俗文曰：『沈取曰撈。』今人謂入水取物曰撈。讀力幺切，是其義也。王氏懷祖云：『撈通作勞。』齊語：『犧牲不略則牛羊遂。』管子小匡篇作『犧牲不勞則牛羊育』。勞、略一聲之轉，皆謂奪取也。尹知章注云：『過用謂之勞。』失之。」

按：「撈」乃「捋」之轉音。「捋」之轉爲「撈」，猶「瘌」之轉爲「癆」。舌頭自相轉，脂邍入宵也。

嘜，樂也。

郭注：「嘜嘜，歡貌。」錢繹云：「廣雅：『嘜，樂也。』集韵『嘜』或作『嗎』，引廣雅作『嗎』。『嗎』與『嘜』同。楚辭大招：『宜笑嗎只。』王逸注：『嗎，笑貌也。』重言之，則曰『嗎嗎』。廣雅：『嗎嗎，喜也。』義亦同也。」

按：「嘜」乃「甚」之轉音。説文：「甚，樂也。」「甚」之轉爲「嘜」，猶「戠」之轉爲「虔」也。

方言類聚條目索引

説明:

1. 本索引爲方便讀者查詢方言各條在方言類聚中的歸屬及對照二者間文字異同而設。

2. 本索引以宋本方言卷次、條次爲序排列,條次後標明該條在宋本方言中所在葉,正背面以 a/b 表示。如“卷一”下“1/1a”,即指卷一第 1 條,在宋本方言第 1 葉正面。

3. 宋本方言各條後,列出方言類聚歸屬義類、義類下標號及所在頁碼。如“釋言 /3/58”,即指屬於釋言之屬第 3 條,在本書第 58 頁。

卷二

卷三

卷七

卷十一

卷十二

卷十三

零札伍種條目索引

説明:

1. 本索引爲方便讀者查詢方言各條在揚雄方言零札伍種中所涉頁碼而設。

2. 本索引以宋本方言卷次、條次爲序排列,條次後標明該條在宋本方言中所在葉,正背面以 a/b 表示。如“卷一”下“1/1a”,即指卷一第 1 條,在宋本方言第 1 葉正面。

3. 宋本方言各條後,列出零札各篇所涉頁碼。“札逐、校勘、書後、辯證、注商”分别指代札逐 方言校記、宋本方言校勘記、書郭璞方言注後、經籍舊音辯證 方言郭注辯證和方言注商。如“1/1a”後所列“注商 /278”,即指方言注商中有關於方言卷一第 1 條的校釋,位於本書第 278 頁。

4. 書郭璞方言注後僅收入第三部分涉及校勘的條目。

卷七

卷八

卷九

卷十

卷十一